LA RELAXATION SENSORIELLE

- Maquette de la couverture: JACQUES DESROSIERS
- Maquette et mise en pages: DONALD MORENCY
- Photo de la page couverture: BERNARD NOBERT

- Distributeur exclusif:

POUR LE CANADA

AGENCE DE DISTRIBUTION POPULAIRE INC.

1130 est, rue de La Gauchetière, Montréal 132 (523-1600)

POUR L'EUROPE

VANDER

Muntstraat 10, 3000 Louvain, Belgique; tél.: 016/204.21 (3L)

 2

LES ÉDITIONS DE L'HOMME LTÉE

Bibliothèque nationale du Québec

Dépôt légal — 1er trimestre 1972

ISBN-0-7759-0322-1

LA RELAXATION SENSORIELLE

Par Bernard Gunther
Photographies de Paul Fusco
Adaptation du Dr Pierre Gravel

LES ÉDITIONS DE L'HOMME

CANADA: 1130 est, rue de La Gauchetière, Montréal 132
EUROPE: 321, avenue des Volontaires, Bruxelles, Belgique

En quoi consiste la vie?

La joie, le mystère,
l'expérience, les
sensations, l'éveil mental,
la vitalité, l'amour

NON PAS:

Disputes,
anxiété,
tension,
torpeur.
Tension,
malaise,
maladie.

LA TENSION
ne vous vient pas
de l'extérieur.
C'est une chose
que vous produisez
vous-même en vous.

L'EXCÈS DE TENSION
est un message non verbal
qui vous vient de votre
corps, lequel vous demande
d'être plus réceptif,
de vous laisser aller,
de vous détendre
et de vous relaxer.

RELAXEZ

VOUS

Maintenant

ECOUTEZ

Lisez d'abord ce qui suit,
prenez votre temps
puis exécutez ce qui
vous est prescrit.

Asseyez-vous sur une chaise,
le buste bien droit, sans raideur.

Fermez les yeux et suivez votre pensée pendant une minute entière.

Puis, laissez les mots s'en aller et se perdre et prenez conscience de ceci:
Comment vous sentez-vous?
Non pas: Comment pensez-vous que vous vous sentez?
Ni: Comment aimeriez-vous vous sentir?

Mais ayez conscience de vos sentiments et de vos sensations tels qu'ils sont réellement à la minute toute proche.

Maintenant, tournez votre attention sur vos pieds et, sans les bouger de quelque manière que ce soit, prenez conscience de ce sur quoi ils se posent.

Puis, prenez 15-20 secondes pour sentir par expérience (plutôt que par la pensée ou l'imagination) les parties

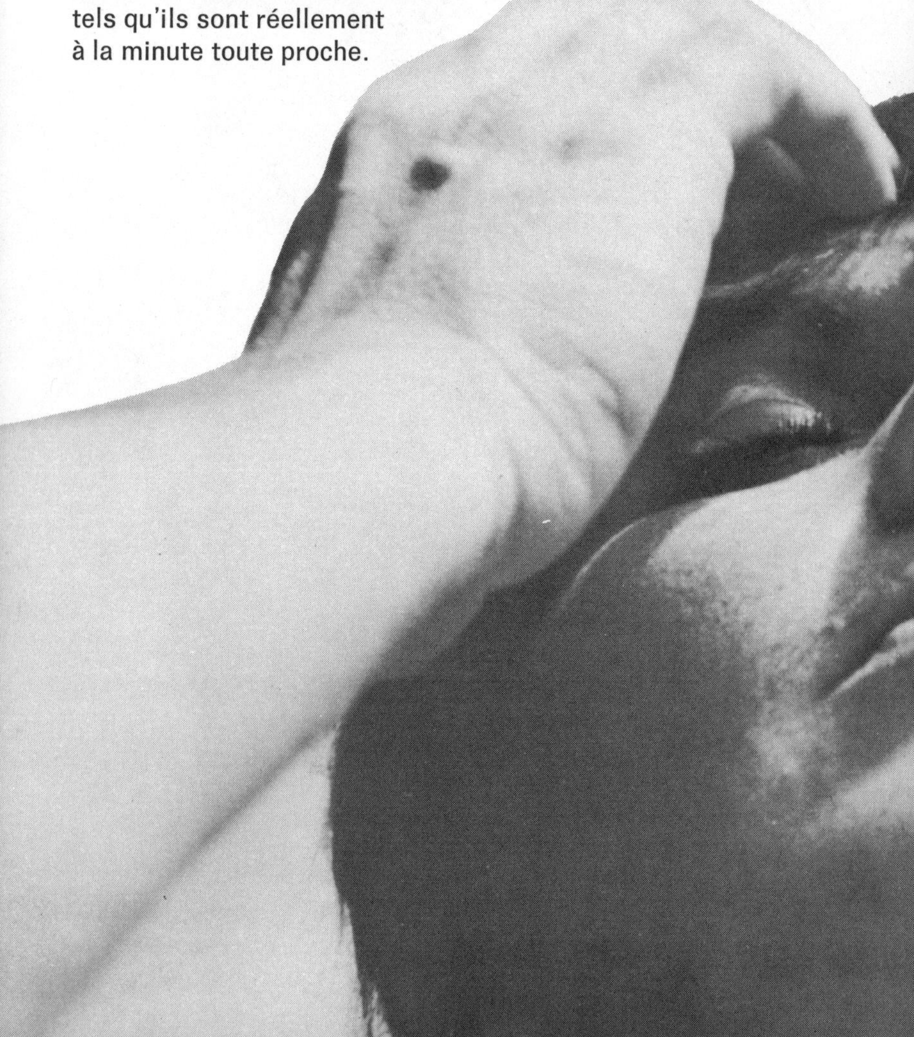

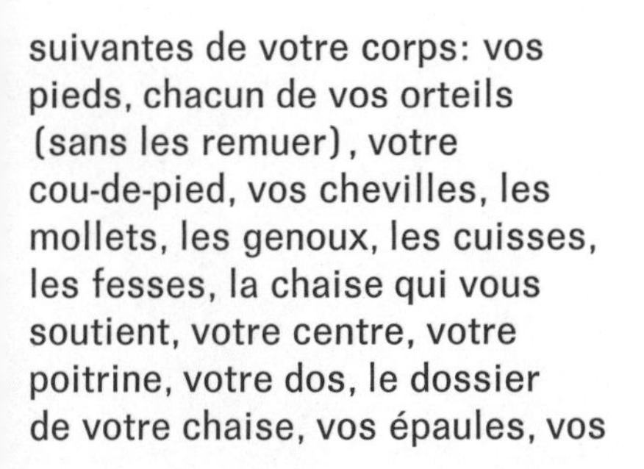

suivantes de votre corps: vos pieds, chacun de vos orteils (sans les remuer), votre cou-de-pied, vos chevilles, les mollets, les genoux, les cuisses, les fesses, la chaise qui vous soutient, votre centre, votre poitrine, votre dos, le dossier de votre chaise, vos épaules, vos bras, vos coudes, vos avant-bras, vos poignets, vos mains, chacun de vos doigts, votre cou, vos lèvres, vos joues, le nez, les yeux, le visage, le front, le dessus de la tête, l'arrière de votre tête: votre corps tout entier.

Prenez ensuite conscience de votre façon de respirer, des bruits de la chambre dans laquelle vous êtes, et prenez enfin conscience de la façon dont vous vous sentez au moment présent.

Maintenant, ouvrez lentement les yeux.

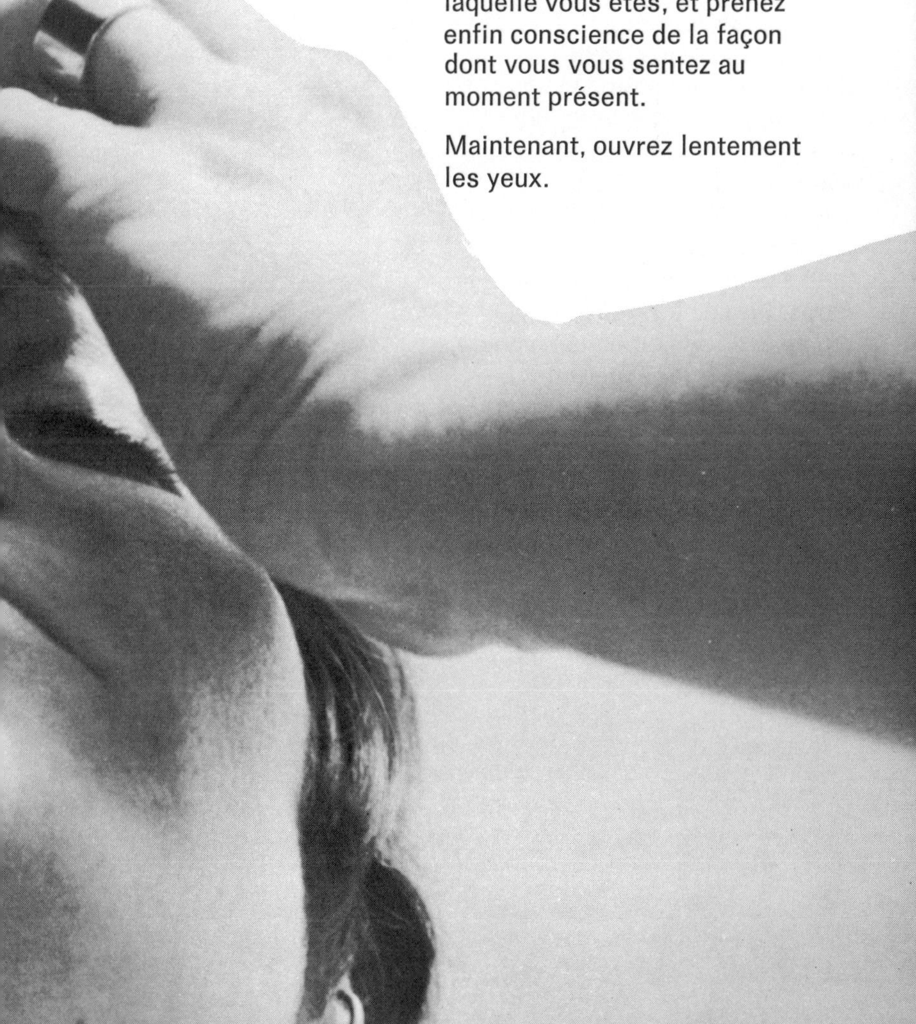

En gardant les yeux ouverts, repliez les doigts aux articulations et martelez le dessus de votre tête. Essayez, en ce faisant, d'imiter la pluie qui tomberait vigoureusement sur votre tête. Levez les doigts d'environ un demi-pouce en martelant de 15 à 20 secondes chaque région. Continuez ensuite autour des oreilles et de chaque côté de la tête. Répétez sur le front. Maintenant, martelez de nouveau toute la tête, en vous arrêtant sur ces endroits qui vous donnent l'impression d'en avoir besoin plus que d'autres. Puis, ralentissez graduellement le martèlement. Placez les mains de chaque côté de votre corps, fermez les yeux et observez la sensation que vous a procurée cette expérience. Ensuite, ouvrez lentement les yeux.

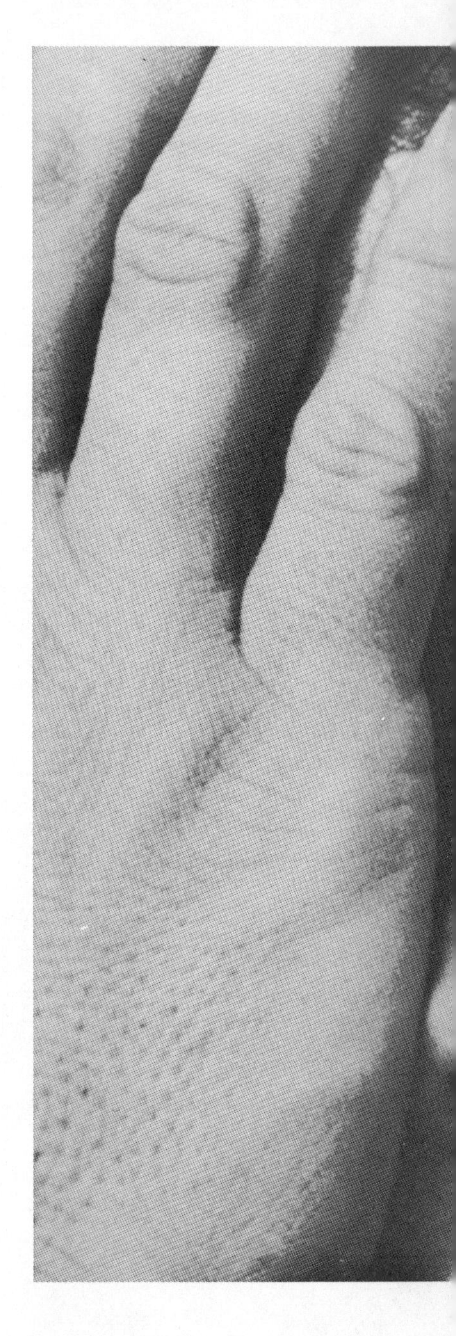

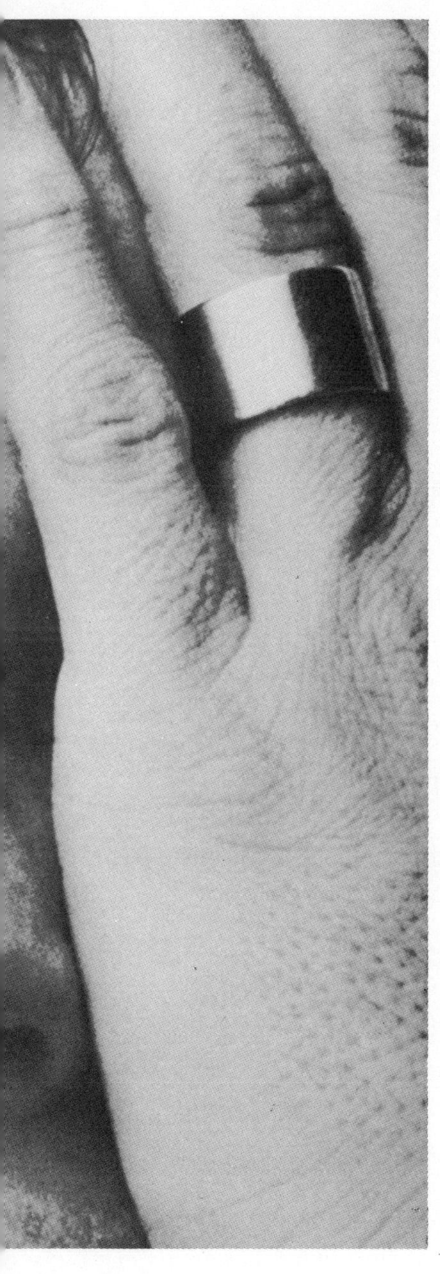

Maintenant, fermez les yeux et ramenez lentement les mains sur votre figure, en plaçant la paume vis-à-vis des yeux, la base des mains sur les pommettes et les doigts sur le front.

Gardez les yeux couverts pendant une minute. Pensez maintenant à vos yeux et à ce qui se passe dans votre tête. Prenez conscience de ce qui s'y passe. Sans changer quoi que ce soit, laissez se passer les événements. Retirez maintenant lentement les mains et prenez conscience de la façon dont vous vous sentez; après quoi, vous ouvrez tranquillement les yeux.

La partie pratique de ce non-livre consiste en une série de jeux qui vous permettront de défaire et de refaire à neuf tout ce qui a trait à vos sens. Ces expériences-essais vous permettront de devenir plus sensible, d'aiguiser votre perception et lorsqu'une tension existe en vous, de vous en détacher, de vous sentir libre, de vous aider vous-même.

Vous savez déjà tout ceci
mais
vous avez oublié:

RAPPELEZ VOUS

Chapitre 1

LES SENS

Les enfants, de par leur nature, sont sensibles et sont éveillés au jeu des sens ainsi qu'à leur exploration. L'éducation sociale et conventionnelle met en valeur les fonctions cognitives et motrices de l'organisme, mais elle ne s'occupe que très peu du développement sensoriel. Dans notre tout jeune âge on nous enseigne du « non-sens ». Ce manque de sensibilité désensibilise donc graduellement et provoque un manque d'équilibre dans notre être et, avec cela, une perte de sensation. Les résultats éventuels peuvent être l'inhibition, l'aliénation mentale, la dépression, l'anxiété et même, dans certains cas, cela peut entraîner l'engourdissement des sens.

Expérience: la perte sensorielle, cette rupture de contact avec les sens, provoque souvent des hallucinations, de la désassociation et éventuellement une désorientation totale.

Nous sommes des organismes composés d'organes.

Les yeux, les oreilles, le nez, la bouche et la peau sont les cinq organes des sens. Les bébés sont biologiquement organisés pour voir, entendre, sentir, goûter et avoir des sensations tactiles directement et sans préférence. On les conditionne à se spécialiser:

Prenons, par exemple, la prédominance des yeux: Je domine mon organisme: voir, c'est croire; voyez vous-même;

les grands hommes sont des voyants et des visionnaires; lorsqu'on quitte quelqu'un, la plupart du temps on dit: au revoir et non pas au retoucher, au regoûter, au ressentir. Comme vous pouvez le constater, le conditionnement ne se fait en général que pour la vue.

Cette spécialisation de la vue tend à séparer (particulièrement lorsqu'elle est accompagnée par une cérébralité excessive et par une tension chronique). La vue peut diviser l'espace et placer les choses à des distances données: (je me sépare du monde). Les yeux voient les différences. Qu'adviendrait-il de la question raciale si nous étions tous aveugles?

Dans notre ignorance et notre méconnaissance des autres sens, nous devenons mal équilibrés, tendus, insensibles. En faisant attention plutôt qu'en cherchant à saisir le ton, le rythme, ou l'accord, nous perdons contact avec les messages subtils des sons de la nature. La raison pour laquelle notre goût s'est tellement perverti, c'est probablement parce que nous avons trop mangé de nourriture en conserve, congelée ou artificiellement aromatisée. Il suffit de considérer l'art contemporain, l'architecture, les films, pour avoir une idée de ce que nous voulons dire. Aujourd'hui l'odeur est devenue un mot proscrit. Il y a même maintenant des industries qui ont été créées expressément pour éliminer l'odeur. Cependant, la chose qu'on a le plus négligée, c'est l'organe le plus grand du corps: la peau.

Les jeunes singes privés de contacts et d'entourage souffrent d'un manque de relations; leur développement physique en est même substantiellement affecté.

Chez les enfants, le manque de contacts physiques finit par créer une augmentation d'irritabilité, de dépression et, dans certains cas extrêmes, de l'autisme, au point de faire perdre le désir de vivre. A un certain moment de la vie, on ne touche plus aux enfants. On leur enseigne alors qu'ils doivent faire attention de ne rien toucher et de surtout ne pas chercher à faire de l'exploration sur eux-mêmes en se touchant. On leur apprend à se tenir éloignés les uns des autres, à garder leurs distances, à se conditionner à longueur de bras, à se serrer la main rapidement afin d'éviter un contact réel avec l'autre. Le sexe est probablement la seule occasion où l'on puisse se toucher réciproquement. Même alors, ce contact est souvent restreint aux zones dites érogènes.

Est-il donc surprenant que nous soyons tendus, anxieux, distants? Que nous ayons perdu le contact avec la totalité de notre corps? Que nous soyons désintégrés, désorganisés? Que nous ayons besoin de nous rééquilibrer, de nous réintégrer, de nous réorganiser?

L'éveil sensoriel est une méthode qui pourra vous rendre de nouveau conscient de vos sens, qui vous aidera à ralentir le tumulte de vos pensées, qui vous permettra de dominer la tension nerveuse chronique, qui augmentera votre pouvoir de perception de la réalité de maintenant. Cette méthode pourra vous apprendre à développer votre sensibilité, vos sensations et votre éveil mental. Elle vous aidera à devenir davantage vous-même, tout votre être étant alors ouvert aux virtualités et aux possibilités qui vous sont propres.

Chapitre 2

LA REALISATION DE SOI-MEME

La réponse du Zen à Socrate:
Evite le toi-même.

Nous vous suggérons maintenant d'essayer les revitalisants suivants. Ce sont des bâtisseurs d'énergie, des tranquillisants qui vous permettront de vous détendre, de vous relaxer, de vous rafraîchir, et cela sans avoir à recourir à l'usage de drogues. Ces revitalisants peuvent être employés selon vos besoins et désirs. Vous pouvez vous-même en déterminer l'emploi.

Consignes générales

1) Habillez-vous de façon confortable, avec des vêtements seyants et peu serrés. Les femmes porteront de préférence la culotte courte, la culotte ample ou le léotard.
2. La durée suggérée pour les différentes expériences est approximative et dépend de l'atmosphère et de l'ambiance du moment.
3) Parlez le moins possible

pendant et immédiatement après chaque expérience.
4) Certains exercices préparatoires sont suggérés au début de la plupart des expériences. Il est préférable de les faire, mais cela n'est pas indispensable.
5) Les expériences marquées (r) sont des revitalisants, celles marquées (t) sont des tranquillisants. On peut les combiner et y avoir recours selon les besoins de chacun.

Il n'y a pas de bonne ou de mauvaise façon d'accomplir ces expériences. Il s'agit ici d'expériences et non pas d'exercices. On fait de l'exercice de façon automatique et répétitive, en cherchant à atteindre un but.

Nous vous donnons dans cette section un groupe d'activités qui devraient permettre à votre corps de sentir et d'affirmer son existence.

Il n'y a pas de réaction spécifique ou nécessaire à atteindre en faisant ces expériences. Il s'agit simplement de permettre à votre corps de s'exprimer. L'important n'est pas de juger mais de devenir conscient de quelque chose.

Introduction au claquage et au martèlement.
Le claquage et le martèlement produisent une stimulation des nerfs, accélèrent la circulation sanguine et aident à augmenter la vitalité de chacune des parties de votre corps.

Suggestions pour le claquage:

1) Laissez les mains prendre la forme de la surface qui est claquée et gardez les poignets relâchés.
2) Il s'agit d'un giflage vigoureux qui pique légèrement mais qui ne fait pas mal.
3) N'ayez pas la main lourde. Evitez d'être cruel envers vous-même.
4) Continuez à respirer en vous giflant. Ne retenez pas votre souffle.
5) Lorsque vous employez les deux mains, giflez simultanément avec les deux mains.

Suggestions pour le martelage:

1) Gardez les doigts pliés aux articulations.
2) Martelez en faisant un mouvement de haut en bas et de bas en haut et en faisant rebondir vos doigts d'environ un demi-pouce.
3) Employez les deux mains simultanément.
4) Ne soyez ni trop dur ni trop délicat. Ce martèlement donnera en général un effet de picotement à l'endroit sur lequel vous l'appliquerez.

Suggestions pour le toucher:

1) Soyez très conscient du sens tactile de vos mains: (la paume, la base de la main ainsi que les doigts).
2) Touchez fermement mais délicatement.
3) Laissez vos mains épouser le contour des régions qu'elles touchent.
4) Pour les touchers sans mouvement, une fois que le contact est fait, laissez les mains là où vous les avez posées et ne les déplacez pas autour de la région contactée.
5) Les touchers avec mouvement varient selon leur type et leur degré, depuis une caresse jusqu'à un serrement délicat et agréable.
6) Laissez votre sensation vous dicter combien de temps vous devez rester à l'endroit touché et quand vous devrez vous arrêter.

Martelage

Martelage de la tête (R)

Fermez les yeux, pliez les doigts aux articulations et commencez à marteler le dessus de votre tête. Martelez de façon vigoureuse et régulière tout comme si une forte pluie vous tombait dru sur la tête.

Martelez chaque endroit pendant 15 à 20 secondes. Levez les doigts d'environ un demi-pouce en martelant. Martelez tout l'arrière de votre tête. Ensuite, tout autour des oreilles et des côtés de la tête. Maintenant, martelez votre front. Repassez de nouveau sur les régions qui semblent avoir besoin d'être martelées davantage. Martelez délicatement sur toute la surface de la tête et, graduellement, diminuez votre mouvement, puis arrêtez. Baissez les mains, fermez les yeux et percevez maintenant les effets de ce martelage et ce qu'il a produit comme sensation.

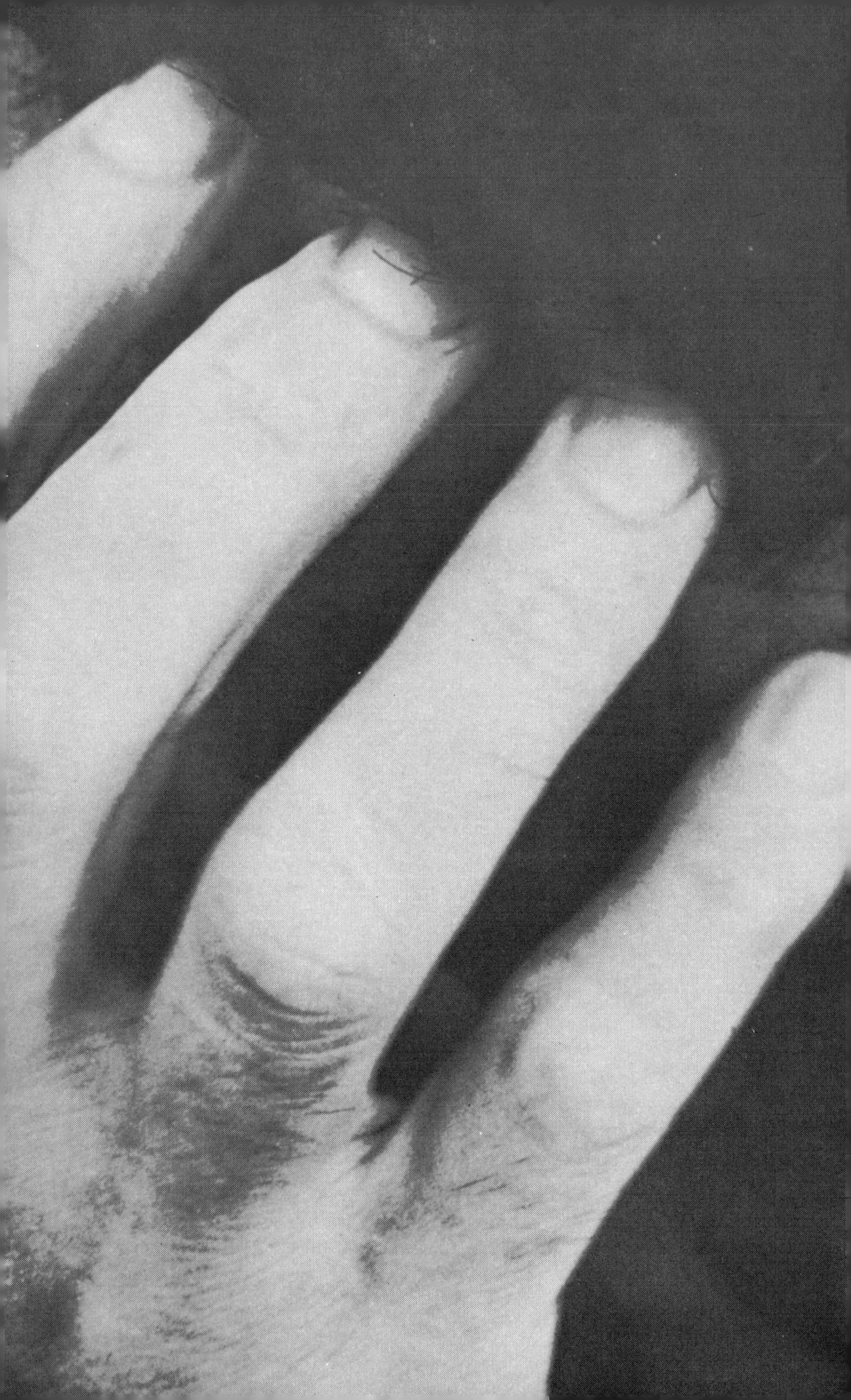

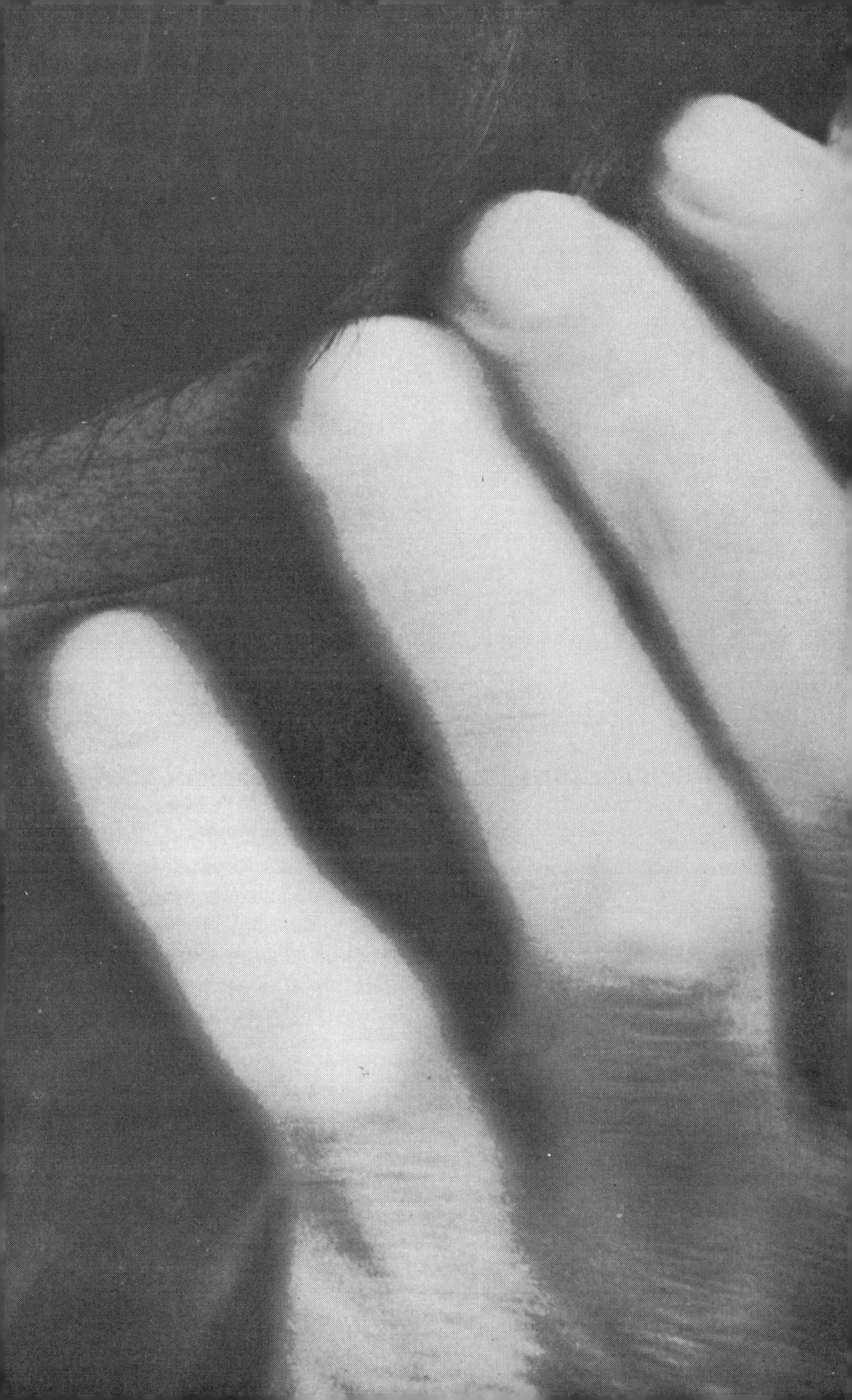

Claquage

Claquage de la tête (R)

Prélude à l'expérience: « martelage de la tête ».

Les yeux ouverts, claquez le dessus de la tête avec le plat des doigts et la paume de la main. Claquez vigoureusement mais délicatement. (Arrêtez-vous environ 15 à 20 secondes sur chaque région.) Exécutez un mouvement de rebondissement, en levant les mains d'environ un demi-pouce. Maintenant, claquez l'arrière de la tête. Claquez en maintenant une force égale et en faisant attention de ne pas blesser. Ensuite, claquez chaque côté de la tête, puis le front. Répétez le claquage sur chacune des régions qui semblent en demander davantage. Claquez maintenant délicatement toute la tête.

Lentement et graduellement, diminuez le claquage jusqu'à arrêt complet. Baissez les mains, fermez les yeux et percevez les effets de ce claquage sur les surfaces qui viennent d'être claquées.

Claquage de la figure (R) 3

Fermez les yeux et dirigez votre attention sur votre figure. Tout en gardant les yeux fermés, commencez par claquer le front avec les doigts. (Claquez chaque partie pendant environ 15 secondes.) Gardez les mains à demi plates et veillez à ce qu'elles atteignent la figure toutes deux en même temps pour qu'il n'y ait pas de discordance. Maintenant, la mâchoire. Claquez vigoureusement en vous servant de la paume des deux mains ainsi que des doigts. Ensuite sur les joues avec les doigts puis sur les lèvres et le menton. Continuez le mouvement sur le nez, cette fois plus délicatement. Sur les yeux, n'employez que le bout des doigts en claquant très légèrement les paupières. Claquez ensuite toute région qui semble en avoir besoin plus que d'autres. Claquez légèrement toute la surface de la figure, encore une fois. Arrêtez, baissez les mains et percevez le résultat de ce que vous venez de faire.

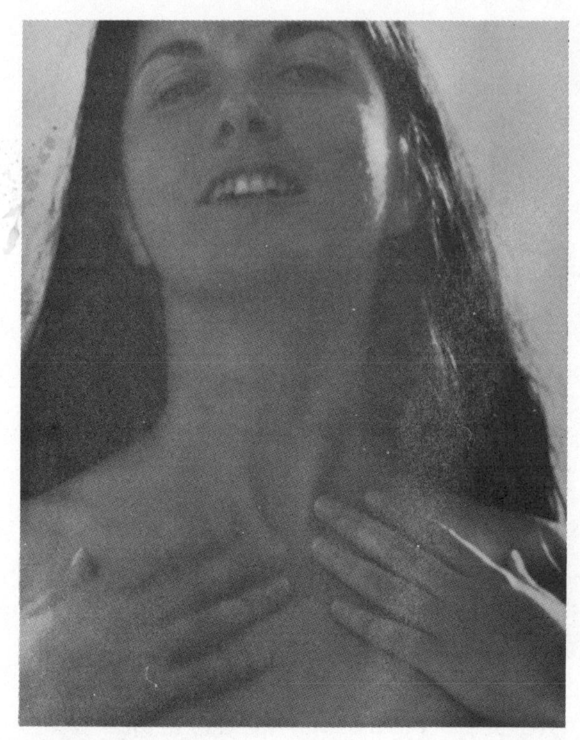

Claquage de la poitrine (R) 4

Avec les doigts plats et la paume des mains, claquez toute la surface de la poitrine, juste au-dessus des seins. (Claquez durant 15 à 20 secondes chaque région.) Essayez un peu de faire votre petit Tarzan et frappez de façon vigoureuse. Maintenant, allez vers le bas de la cage thoracique, immédiatement sous les seins. Ensuite, claquez les côtés de la cage thoracique, sous les aisselles. Retournez sur la partie supérieure de la poitrine encore une fois. Maintenant, retournez vers le bas de la cage thoracique et claquez cet endroit à nouveau. Délicatement et graduellement, diminuez le claquage et arrêtez-le. Baissez les mains. Fermez les yeux. Ressentez ce qui vous arrive à la suite de ce claquage. Laissez-vous aller pendant quelques secondes. Ouvrez les yeux.

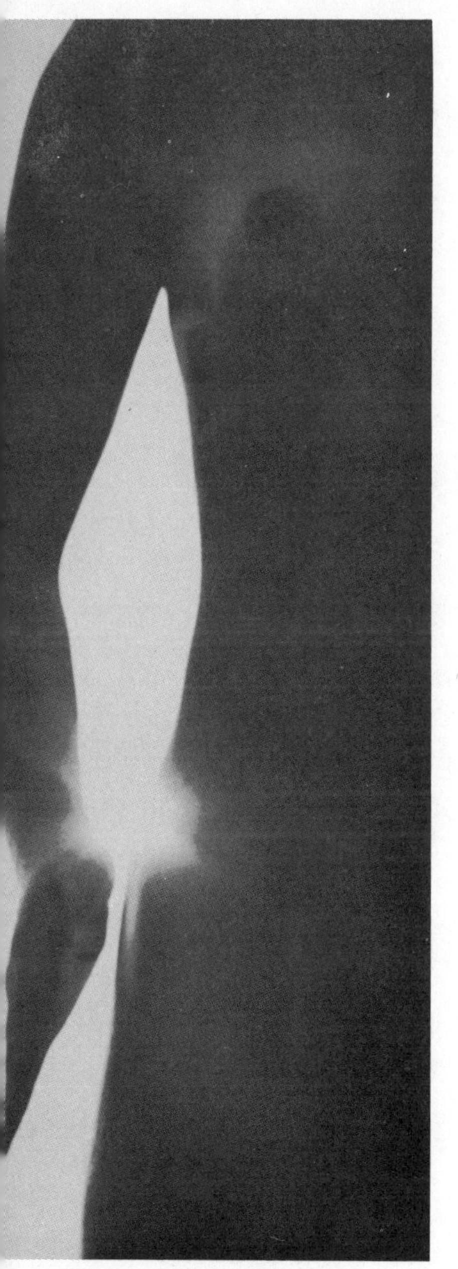

Claquage de la poitrine, du ventre, des hanches et des fesses (R)

Ceci peut aussi bien se faire les yeux ouverts que fermés. Claquez vigoureusement sur toute la poitrine et sur la cage thoracique (en vous arrêtant de 10 à 20 secondes sur chaque région.) Ensuite, descendez plus bas et claquez tout autour du nombril puis sur le bas du ventre. Claquez maintenant le côté des hanches puis claquez vigoureusement les fesses et revenez sur les hanches. Retournez claquer délicatement toute la région du ventre et du bas-ventre. Lentement et graduellement, diminuez le claquage et arrêtez-vous. Fermez les yeux. Prenez conscience de la sensation que vous éprouvez sur les parties que vous venez de claquer.

Claquage des jambes (R)

Fermez les yeux. Pensez à vos jambes jusqu'à ce que vous perceviez leur présence. Prenez conscience de leur existence, de la sensation produite à l'endroit où les pieds touchent la surface sur laquelle ils reposent. Maintenant, ouvrez les yeux. Penchez-vous en avant et claquez toute la jambe gauche en commençant par la cheville. N'oubliez pas d'inclure le mollet, la cuisse, la hanche gauche et la fesse. Claquez l'avant et l'arrière de la jambe ainsi que les côtés. Claquez de bas en haut toute cette surface au moins trois fois. (Restez de 15 à 20 secondes sur chaque endroit.) Claquez délicatement mais vigoureusement. Lentement et graduellement, couvrez maintenant toute la jambe. Levez-vous, fermez les yeux et prenez conscience de la sensation que ce claquage a produite. Comparez la sensation que vous avez maintenant dans cette jambe par opposition à l'autre. Ouvrez les yeux et répétez la même expérience sur la jambe droite. Après l'avoir claquée, fermez les yeux et captez la sensation que vous ressentez dans les jambes, celle que vous ressentez à l'endroit où les pieds touchent le sol et prenez conscience de la façon dont vous vous sentez maintenant en général.

Claquage des bras (R)

Fermez les yeux. Dirigez votre attention vers les bras. Déterminez-en la sensation. Prenez conscience de leur existence. Maintenant, les yeux ouverts, étendez le bras gauche

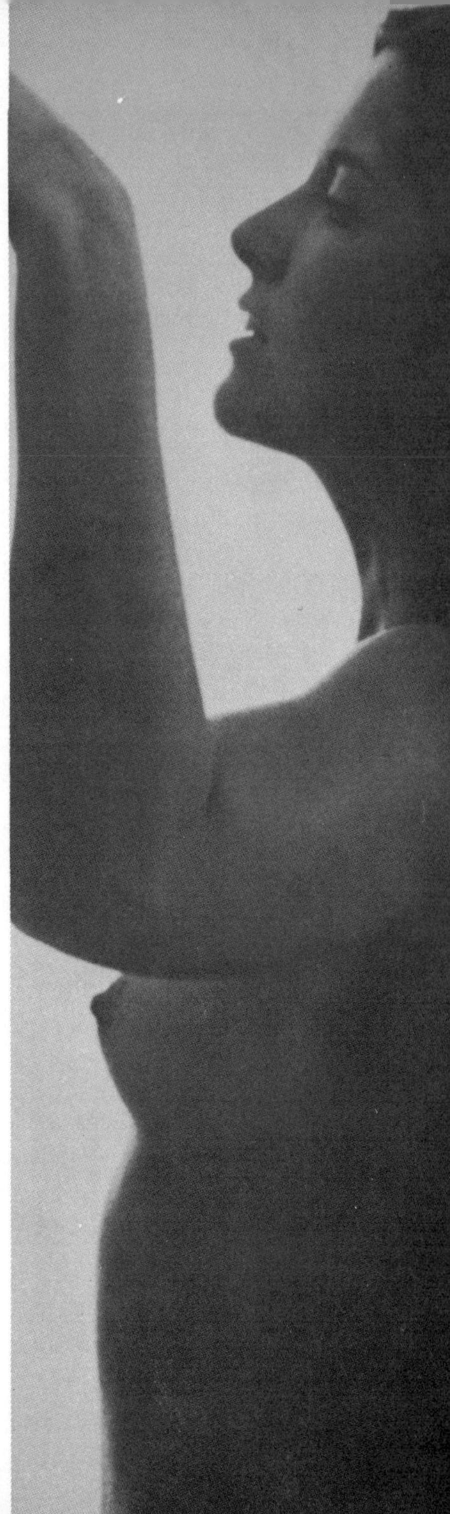

en avant de vous au niveau de l'épaule. Avec la main droite, claquez le dessus et le dessous du bras gauche, depuis l'épaule jusqu'au bout des doigts. Gardez votre mouvement de claquage égal et vigoureux. Couvrez trois ou quatre fois, de haut en bas, les deux côtés du bras. Ensuite, délicatement, claquez encore une fois toute la surface du bras. Maintenant, pliez le bras gauche de façon qu'il soit vertical et à angle droit avec l'épaule gauche. Secouez le bras pendant 15 secondes; gardez le poignet et le coude relâchés; laissez votre main aller d'avant vers l'arrière et d'arrière vers l'avant, sans contrainte. Tranquillement et graduellement, baissez le bras. Fermez les yeux et ressentez ce qui se passe maintenant dans le bras. Comparez cette sensation que vous y percevez maintenant à celle de l'autre bras. Ouvrez les yeux. Répétez l'expérience sur l'autre bras.

Claquage de la poitrine avec cris (R)

Prélude à l'expérience « claquage de la poitrine ».

Claquez vigoureusement toute la surface de la poitrine avec la paume des mains et les doigts gardés à plat. Le mouvement doit être énergique, mais ne doit pas être douloureux. Tout en continuant de claquer, remontez au-dessus des seins. Emettez alors un son qui ressemble à celui que vous faites chez le docteur lorsqu'il abaisse votre langue et vous demande de dire AHHHHHH. Le son doit être continu et aussi fort que possible. Répétez ce claquage avec cris pendant 15 à 20 secondes. Graduellement, diminuez vos cris et en même temps réduisez le claquage jusqu'à ce que vous vous arrêtiez. Descendez les mains de chaque côté. Prenez conscience des effets produits.

La plupart des gens ne respirent qu'à moitié et gardent trop d'air dans leurs poumons. Ils ne semblent pas être capables de prendre une respiration profonde, même quand ils le veulent. Afin de respirer profondément, vous devez nécessairement expirer une plus grande quantité d'air. Les cris expulsent plus

d'air des poumons en même temps qu'ils aident à faire sortir de la poitrine certaines sensations et émotions qui semblent ne jamais vouloir vous laisser. Débarrassez-vous de vos inhibitions. Profitez enfin du plein air.

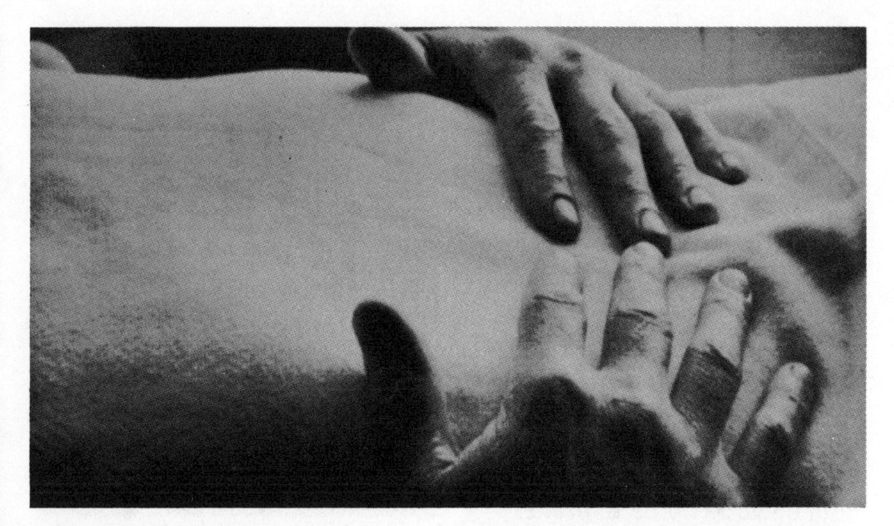

Respirer en touchant (T)

Prélude à l'expérience:
« claquage de la poitrine ».

Etendez-vous sur le plancher et fermez les yeux. Pendant quelques instants établissez la relation qui existe entre vous et la surface sur laquelle vous êtes étendu, en essayant de sentir la surface que vous touchez. Maintenant, prenez conscience de votre façon de respirer. Ne faites aucun effort pour la changer. Constatez tout simplement la façon dont vous respirez. Au bout de 30 secondes, placez les deux mains sur la partie supérieure de la poitrine, au-dessus des seins, de façon que les paumes soient plates et que les doigts d'une main ne chevauchent pas et ne touchent pas les doigts de l'autre main. Représentez-vous mentalement la distance qui vous sépare du plancher au niveau des reins et de la région lombaire. Attendez de 30 à 60 secondes et placez tranquillement les mains de chaque côté de votre corps. Pendant quelques instants, portez votre attention sur la sensation produite alors que les mains touchent les cuisses. Ensuite, placez les mains vis-à-vis du plexus solaire, c'est-à-dire un peu plus haut que le nombril et cherchez à sentir les mouvements qui s'y produisent sous la surface de la peau, à l'intérieur de l'abdomen. Encore une fois, après 30 à 60 secondes, replacez les mains à vos côtés et retrouvez la sensation que vous venez d'avoir lorsque vous touchiez à vos cuisses.

Finalement, placez les mains juste au-dessus du pubis, sur le bas du ventre. Tout en gardant les mains sur cet endroit, tournez votre attention vers vos narines et prenez conscience de l'air que vous respirez, de la façon dont il entre dans les narines et dont il en sort. Au bout de 30 à 60 secondes, ramenez les mains de chaque côté de votre corps et prenez conscience de de ce que vous ressentez.

Secouement de la jambe (R)

Prélude à l'expérience: « claquage de la jambe ».

En prenant appui sur la jambe droite, soulevez légèrement la jambe gauche et faites bouger les orteils du pied gauche. Faites ceci, ainsi que ce qui suit, pendant 10 à 15 secondes à la fois. Augmentez l'ampleur du mouvement des orteils et étendez-le graduellement à tout le pied, en étendant et en ramenant les orteils vers le genou. Bougez le pied dans toutes les directions jusqu'à ce que vous ayez fait tous les mouvements qu'il est possible de faire avec le pied, autour

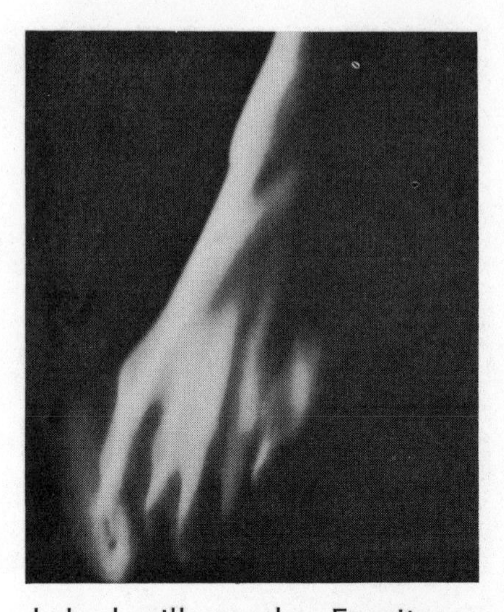

de la cheville gauche. Ensuite, bougez le pied en transposant le mouvement dans le mollet. Continuez le mouvement de façon à atteindre le genou et la cuisse, en tordant et en tournant tout ce qui peut l'être dans la jambe en ce faisant. Eventuellement, intéressez-y la hanche. Maintenant, secouez toute la jambe, en la faisant vibrer vigoureusement depuis la hanche jusqu'aux orteils. Diminuez graduellement ce secouement jusqu'à l'arrêt complet du mouvement. Replacez la jambe lentement sur le plancher. Fermez les yeux et prenez conscience de l'effet produit par ce que vous venez de faire dans la jambe. Répétez le tout avec l'autre jambe.

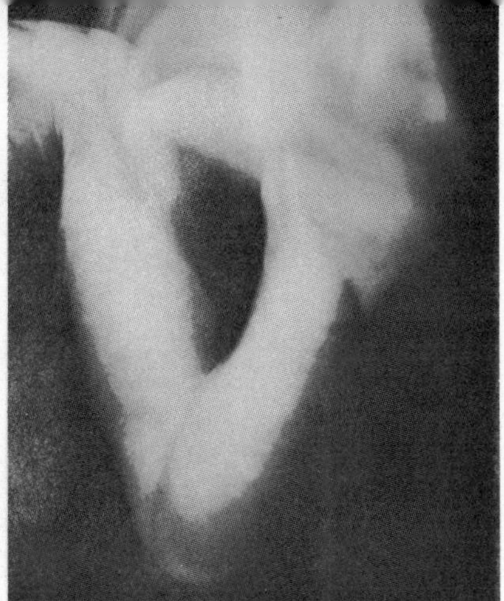

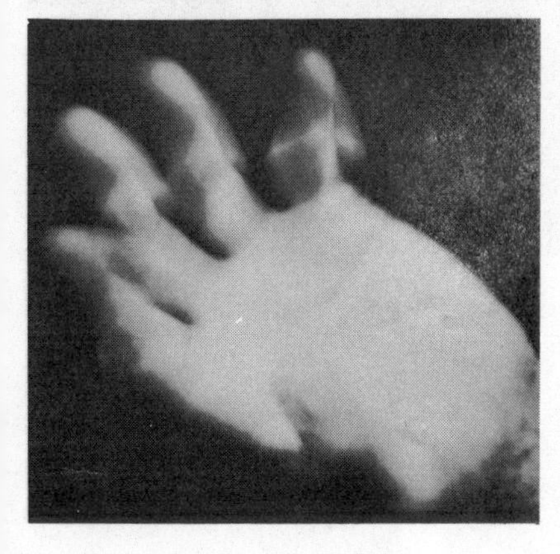

Secouement du bras (R)

Prélude à l'expérience:
« claquage du bras ».

Remuez les doigts de la main gauche comme si vous vouliez les faire danser. (Prenez de 10 à 15 secondes pour ceci et pour chacun des mouvements qui suivent.) Faites bouger les doigts avec un mouvement de plus en plus grand jusqu'à ce que toute la main suive cette danse, en la faisant bouger autour du poignet. Maintenant, sans vous arrêter, produisez tous les mouvements qui sont possibles en faisant bouger la main autour du poignet, en la tordant et en la pliant dans toutes les directions. Transposez maintenant le mouvement à l'avant-bras, ensuite jusque dans le coude. Ensuite, continuez le mouvement dans l'arrière-bras en le tournant et en le tordant de toutes les manières possibles. Bougez maintenant l'épaule et effectuez ici aussi tous les mouvements possibles à cet endroit. Finalement, levez les bras jusqu'à hauteur de l'épaule et secouez vigoureusement tout le bras. Diminuez graduellement à rien ce secouement. Votre bras redescend, vous fermez les yeux et vous prenez conscience de ce que vous ressentez maintenant dans votre bras. Comparez la sensation que vous éprouvez maintenant à celle de l'autre bras. Recommencez le tout avec l'autre bras.

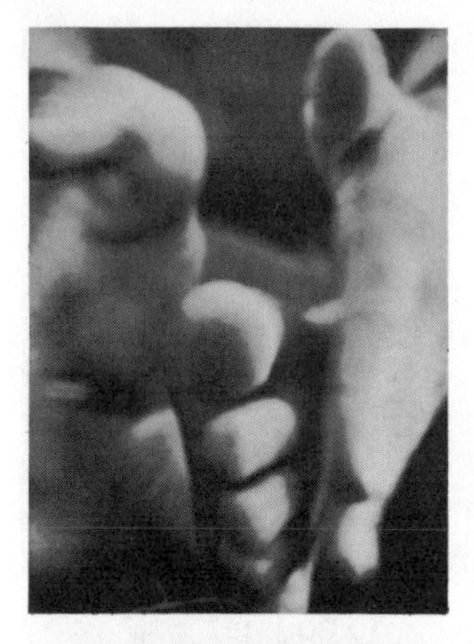
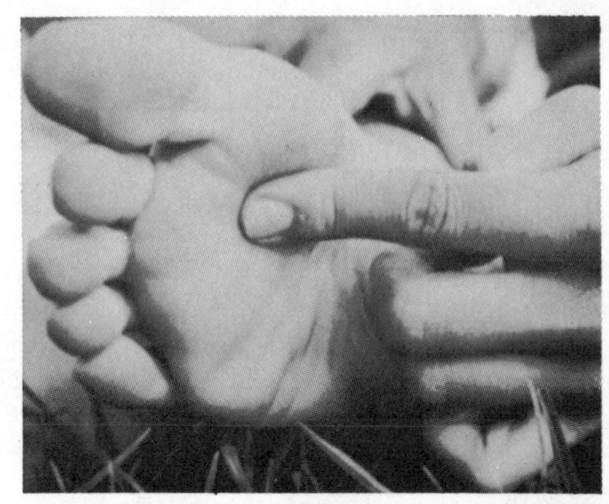
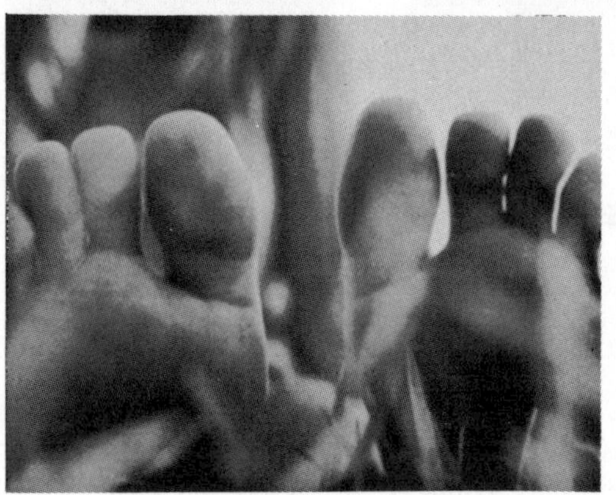
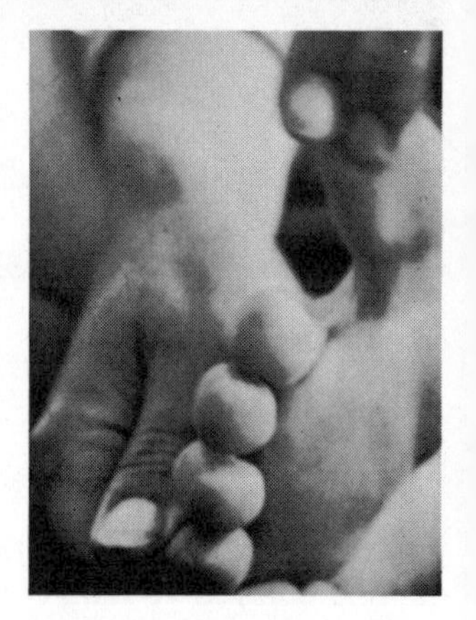

Claquage du pied (R)

Asseyez-vous. Placez votre cheville gauche sur votre cuisse droite. Claquez le dessous et le dessus du pied gauche avec les deux mains. Ceci doit être fait d'une façon délicate mais vigoureuse. Ensuite, claquez les côtés du pied. Ensuite, avec une seule main, claquez le dessous du pied gauche.

Maintenant, avec les deux mains, couvrez tout le pied de claques. Diminuez graduellement le claquage jusqu'à ce que vous arrêtiez. Rabaissez le pied. Fermez les yeux et faites l'expérience de la sensation que vous éprouvez maintenant dans le pied. Comparez cette sensation à celle de l'autre pied. Répétez la même expérience sur l'autre pied.

Perception du pied (T)

Prélude à l'expérience: « claquage du pied ».

Asseyez-vous et placez votre cheville gauche sur votre cuisse droite. Avec les deux mains, palpez le dessus, les côtés et le dessous du pied. Avec la pointe d'un des doigts, appuyez sur le dessous du pied. Découvrez sa douceur. Délicatement, appuyez et pincez tout le dessous du pied. Ensuite, tirez sur chacun des orteils et secouez-les, un à un. Grattez votre pied, caressez-le. Fermez les yeux et, avec vos mains, faites l'exploration de tout le pied. Maintenant, étirez et allongez la jambe et prenez conscience de la sensation que vous avez maintenant dans le pied. Mettez-vous debout, et en vous tenant sur les deux pieds, comparez la différence de sensation dans les deux pieds. Ouvrez les yeux et faites quelques pas afin de ressentir cette différence. Ensuite, répétez la même chose sur l'autre pied.

Paumage (T)

Prélude à l'expérience: « claquage de la figure ».

Etendez-vous sur le dos, les mains de chaque côté du corps. Fermez les yeux et prenez conscience de ce qu'ils ressentent. Maintenant, ramenez lentement les mains vers la figure, jusqu'à ce que les paumes des mains soient sur vos yeux. La base de la main repose alors sur la pommette et les doigts sur le front. Gardez les mains dans cette position pendant environ 30 secondes. Maintenant, enlevez les mains de sur les yeux et placez-les lentement de chaque côté de votre corps. Savourez pendant quelques secondes la sensation de ce premier toucher. Replacez maintenant encore une fois les mains sur les yeux. Cette fois, c'est la base de la main qui repose sur les orbites.

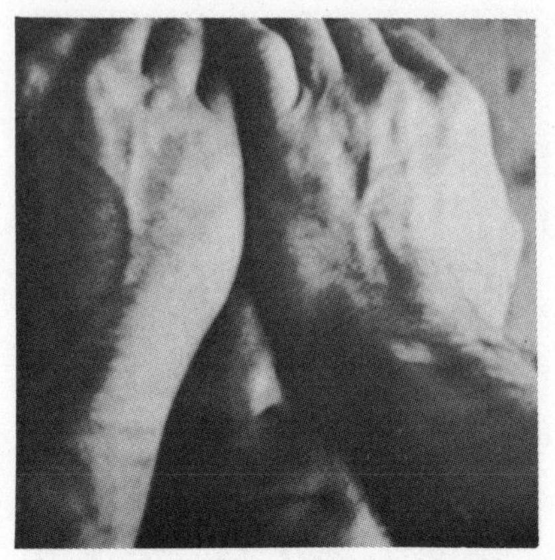

N'appuyez pas sur les globes oculaires. Les paumes sont alors sur le front, tandis que les doigts sont posés à la naissance des cheveux. Gardez cette position pendant 30 secondes environ. Retirez lentement les mains de l'endroit où elles sont et observez la sensation que ce que vous venez de faire vous a procurée. Attendez de 20 à 30 secondes entre chacune de ces expériences. Maintenant, placez délicatement la pointe de l'index et du majeur sur la paupière des deux yeux. Appuyez le plus légèrement possible. Restez dans cette position pendant 30 secondes. Retirez lentement les mains des yeux et placez-les de chaque côté de votre corps. Prenez conscience de la sensation éprouvée par les yeux. Ouvrez les yeux et regardez autour de vous.

Elévation

Elévation du bras en position debout (T)

Prélude à l'expérience: « claquage et secouement du bras ».

Tenez-vous debout, fermez les yeux et portez votre attention sur la sensation de vos bras. Au bout d'une vingtaine de secondes, ouvrez les doigts en les séparant graduellement et délicatement. Gardez les doigts dans cette position les coudes droits pendant que vous lèverez lentement les bras jusqu'à ce qu'ils soient au niveau des épaules. Ce mouvement devra prendre de 15 à 30 secondes. Laissez les bras dans cette position d'extension pendant 10 à 15 secondes. Dirigez maintenant votre attention sur le bout des doigts des deux mains et redescendez les bras de chaque côté de votre corps. Observez pendant 15 à 20 secondes la sensation de ce que vous venez de faire. Répétez cette élévation deux ou trois fois.

Elévation des bras, position couchée (T)

Prélude à l'expérience: « claquage et secouement du bras ».

Etendez-vous sur le plancher, en gardant les bras de chaque côté de votre corps. Fermez les yeux et prenez conscience de la sensation que vous avez dans les bras. Au bout de 30 secondes, écartez les doigts au maximum possible. Maintenez les doigts dans cette position en même temps que vous gardez les bras droits de chaque côté de votre corps. Lentement et régulièrement, en les gardant parallèles entre eux, levez-les à angle droit avec vos épaules. Ce mouvement doit vous prendre de 10 à 15 secondes. Maintenant, en portant toute votre attention sur le bout des doigts de chaque main, redescendez les bras de chaque côté de votre corps.

Encore une fois, l'exécution de ce mouvement devrait durer de 10 à 15 secondes. Prenez tout votre temps pour que le résultat puisse se faire sentir de façon suffisante. Répétez cette expérience deux ou trois fois.

Elévation des épaules (T)

Prélude à l'expérience:
« claquage des épaules ».

Tenez-vous debout. Fermez les yeux et prenez conscience de la sensation que vous avez dans les épaules. Au bout de 10 à 20 secondes, arrondissez et levez lentement les épaules aussi haut que vous pouvez le faire. Faites cela pendant 15 à 30 secondes. Le mouvement ne doit pas être fait de façon saccadée, mais de manière régulière et continue. Après avoir atteint cette position d'extrême élévation, gardez les épaules dans cette position pendant 10 secondes. Ensuite, redescendez-les graduellement et lentement en prenant de 10 à 20 secondes pour ce faire et en percevant la sensation que cela vous donne tout du long du mouvement. Laissez maintenant les épaules retrouver leur position normale, c'est-à-dire celle qui leur semble la plus naturelle. Prenez le temps voulu afin de savourer toute la sensation que cela peut produire en vous. Répétez ce mouvement deux ou trois fois.

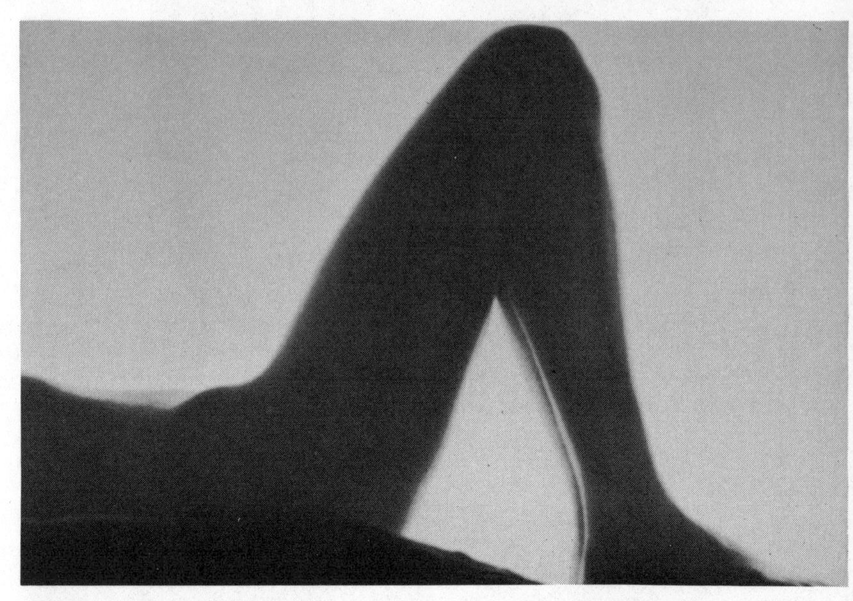

Elévation des hanches (T)

Prélude à l'expérience: « élévation des jambes et claquage du dos ».

Etendez-vous sur le dos, les yeux fermés. Arrêtez-vous pendant 15 à 30 secondes sur chacun des mouvements qui suivent. Ramenez lentement les genoux vers vous et vers le haut tout en gardant les pieds sur le plancher. Faites l'expérience de la sensation que vous donne votre dos à l'endroit où celui-ci touche la surface sur laquelle il repose. Maintenant, tout comme si vos hanches étaient tirées vers le haut par une corde, soulevez du plancher vos hanches et vos fesses. Très lentement, toujours, soulevez du plancher votre colonne vertébrale aussi haut que vous le pouvez, tout en gardant les épaules et les omoplates sur le plancher. Gardez cette position pendant 5 à 10 secondes. Graduellement, une vertèbre à la fois, ramenez votre dos sur le plancher. Percevez cette sensation à mesure que le dos s'étend sur le plancher. Prenez maintenant 30 secondes pour bien sentir que vous êtes rendu sur le plancher et que votre colonne est solidement appuyée par terre. Maintenant, recommencez le mouvement, mais en ne levant du plancher que la moitié inférieure du dos.

Elévation

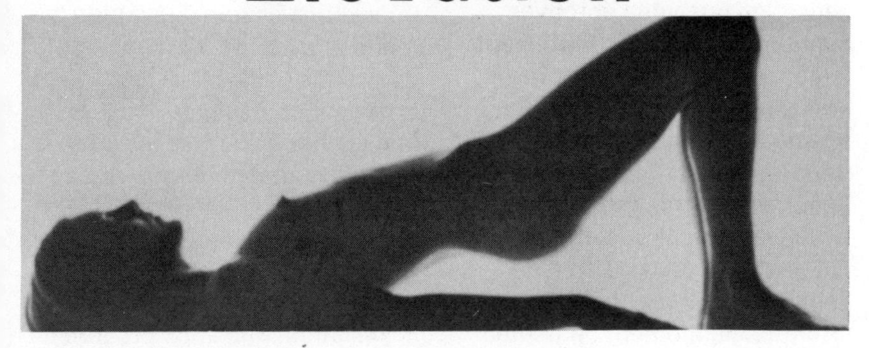

Restez ainsi pendant 10 secondes. Portez votre attention sur les structures qui touchent le plancher lorsque vous redescendez par terre la partie que vous aviez soulevée.
Prenez 30 secondes pour sentir que vous êtes étendu solidement sur le plancher et établissez mentalement la façon dont vous êtes placé.
Maintenant, levez seulement les hanches et les fesses à peu près à un pouce du plancher. Restez ainsi pendant 5 secondes. Prenez le plus de temps possible pour redescendre votre dos sur le plancher. Dirigez votre attention sur tout votre dos et sur la façon dont vous pouvez maintenant vous sentir.
Redressez ensuite lentement la jambe droite, puis la jambe gauche. Dirigez votre attention sur la façon dont vos jambes touchent le sol. Ouvrez les yeux et asseyez-vous.

Elévation de la jambe (T)

Prélude à l'expérience: « claquage et secouage de la jambe ».

Etendez-vous sur le dos sur le plancher. Fermez les yeux. Prenez conscience de la façon dont vous vous sentez.
Arrêtez-vous pendant 15 à 30 secondes pour chacun des mouvements qui suivent.
Ramenez lentement la jambe gauche vers vous, en remontant le genou et en gardant la plante du pied sur le sol. Faites maintenant la même chose avec la jambe droite. Etablissez la relation de votre dos par rapport au plancher. Tout en évitant d'élever la colonne vertébrale du plancher, ramenez les genoux sur la poitrine. Graduellement, redescendez les deux pieds sur le plancher, en maintenant les genoux pliés. Etablissez la

sensation que vous éprouvez maintenant. Relevez lentement le genou gauche sur la poitrine en maintenant la colonne bien en contact avec le plancher. Répétez avec la jambe droite. Ramenez progressivement la jambe gauche et ensuite la jambe droite à la position de départ. Faites particulièrement attention au moment où le pied touche le sol, à la sensation de ce toucher, à la partie du pied qui touche la première le sol et à la texture de celui-ci. Après avoir ressenti ces effets, relevez les deux pieds ensemble en ramenant les genoux sur la poitrine. Ensuite, ramenez lentement les deux jambes à la position horizontale sur le plancher. Prenez conscience de la façon dont vous vous sentez maintenant. Ouvrez doucement les yeux.

Bercement de la tête sur une pierre:

Prélude à l'expérience: « claquage et tapotement de la tête »

Vous aurez besoin d'une pierre ronde et plate de 3 à 5 pouces de diamètre pour faire cette expérience. Asseyez-vous sur le plancher et fermez les yeux. Avec le bout des doigts, massez l'arrière de votre tête en faisant des mouvements circulaires. Arrêtez-vous quelques instants et dirigez votre attention sur la sensation que vous procure ce que vous venez de faire. Claquez et tapotez l'arrière de votre tête. Encore une fois, portez votre attention sur la sensation que cela produit chez vous. Ensuite, étendez-vous sur le dos de façon à être bien à l'aise. Placez la pierre sous votre tête à l'endroit qui vous semble le plus confortable lorsque vous vous appuyez dessus. Essayez de communiquer avec le plancher à travers la pierre. Essayez de communiquer avec la pierre elle-même et d'en retirer un message. Comparez le relâchement de tous les muscles de votre cou et de votre tête avec la dureté de la pierre. Voyez comme elle semble vous demander de vous laisser aller. Demeurez dans cette position environ deux minutes et ressentez ce que cela produit en vous. Demeurez ainsi aussi longtemps que cela peut vous plaire. Ouvrez les yeux.

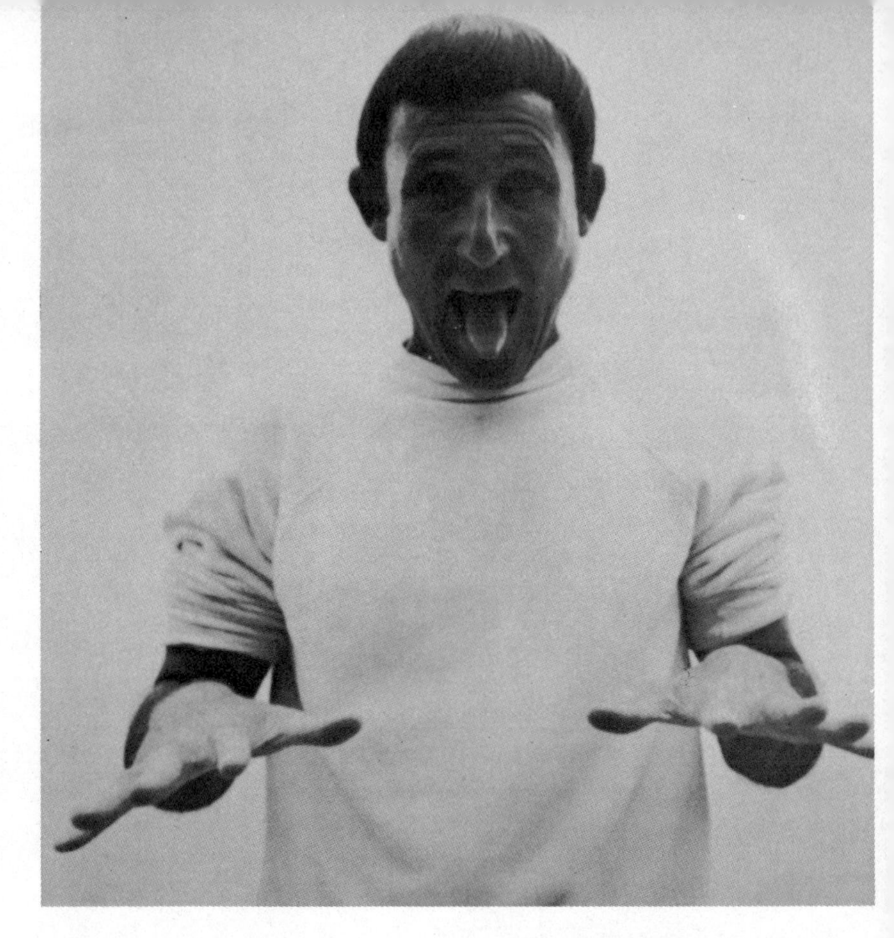

Le Lion (T)

Prélude à l'expérience: « claquage de la figure ».

Etant debout, penchez-vous un peu vers l'avant. Ouvrez les yeux de façon exagérée, ouvrez-les le plus possible. Ouvrez très grande la bouche et tirez la langue aussi loin que vous le pouvez. Ne soyez pas inhibé en faisant ces gestes. Soyez même féroce. Tendez et serrez les muscles et les nerfs du cou. Tenez-vous ainsi pendant 15 à 60 secondes. Aussi lentement que possible, décontractez ces muscles jusqu'à la normale. Répétez 2 ou 3 fois.

La circulation de la figure et du cou devrait être ainsi agréablement accrue et ceci devrait aussi aider à prévenir et à éliminer les rides.

Chapitre 3

MOTS ET TENSION

Les enfants apprennent à éviter d'être excités par ce qui leur arrive. On leur apprend que pour cela ils doivent retenir leur souffle et contracter leurs muscles.

Cette tension se manifeste aussi bien contre les joies que contre les peines, la douleur, les émotions, la peur, la colère, la tristesse, le rire, l'orgasme et tout ce qui peut arriver d'excitant et d'accablant, pour la perte de contrôle, etc. Combien de fois a-t-on entendu dire « Vous devez apprendre à vous contrôler », « contrôlez-vous ».

Les grandes personnes ne doivent pas pleurer. Il faut pour cela qu'elles parviennent à resserrer leur diaphragme, leur poitrine, leur cou. Voyez les cowboys . . . L'adulte idéal ne doit pas, à ce que l'on dit, avoir de craintes, d'émotions. Il ne doit avoir peur de rien, même pas de mourir. C'est peut-être parce qu'il est déjà mort. La plupart des adultes sont aussi restreints les uns que les autres dans ce domaine des sensations, et cela leur arrive très tôt dans la vie.

Les filles sont douces, mielleuses, parfumées et représentent tout ce qu'il y a de plus beau et de plus pur. Elles ne doivent jamais avoir de désirs sexuels jusqu'à ce qu'elles soient mariées. Elles doivent garder les jambes bien croisées et se tenir le corps raide (surtout le bas). « Tenez-vous bien, soyez réservées, tenez bon », leur dit-on.

Elles apprennent à se conformer, à ne pas s'exprimer. Elles doivent agir comme des filles bien. Elles doivent se tenir à leur place. « Tenez-vous droites », « Faites attention », « Faites un effort », autant d'expressions qui tendent à confirmer ce que nous venons de dire.

La tension musculaire chronique (l'armure du caractère selon Reich), qui n'est ni plus ni moins qu'un système de contraction musculaire habituelle, garde les impulsions nerveuses spontanées d'une personne constamment en état d'alerte. Cependant, cette attitude provoque une retenue contre les sensations, l'émotion et l'expression. Elle représente un moyen qui vous contrôle, en fait qui vous surcontrôle, mais qui vous déprime en vous empêchant d'être vous-même.

Cette retenue que nous décrivons, qui provient du tout jeune âge, absorbe une grande quantité d'énergie, ralentit la spontanéité des fonctions du corps et diminue par le fait même la sensation, la créativité, la sensibilité, la productivité, la communication et le sentiment.
Il s'ensuit donc de la stagnation intellectuelle, qui finit par engourdir de grandes parties de l'être humain, par empêcher la respiration normale de se faire, par réduire la facilité du mouvement, par diminuer le flot d'énergie mis à la disposition du corps et par l'empêcher de travailler sans contrainte.
La fixation mentale est donc le résultat direct de ce processus. Cela empêchera l'individu de grandir, de s'épanouir, lui donnera l'impression d'être emmuré dans un état de rêve et de vie vécue à moitié. On est donc en fin de compte encagé, séparé de soi-même et du monde qui nous entoure. Alors, si l'on ne peut pas se fier à son propre organisme et ainsi donc à soi-même, comment peut-on avoir confiance dans son manque de confiance . . . Le double lien du corps et de l'esprit.
L'éducation est en grande partie une manifestation verbale. L'enseignement est, en grande partie, un enseignement verbal (Aldous Huxley).
A la maison et à l'école, on apprend plutôt des mots qu'autre chose lorsqu'on nous parle du bien et du mal classifiés. On enseigne la catégorisation et la division, le fruit de l'arbre de la science. On sépare et on apprend à se séparer davantage de tout, de son corps, du monde, de l'expérience. Les roses sont rouges et le gazon est vert. L'accent est mis sur les similitudes et les différences, au lieu de l'être sur ce qui rend chaque chose tellement unique. On nous apprend à oublier que les polarités et que la relativité existent. On doit apprendre à être tous filtrés de la même façon, à être semblables, à s'exprimer, à analyser, à diriger notre façon de concevoir ce qui est supposé vrai.

La plupart des gens pensent qu'ils ressentent plutôt qu'ils ne ressentent réellement. Ils analysent chaque expérience en l'étiquetant, en la limitant, tandis qu'ils ne perçoivent pas les différences uniques du découlement de chaque situation. Leur façon diminuée et restreinte de penser les mène à se parler à eux-mêmes et à se tenir éloignés et surtout à n'être pas engagés. Ils échangent donc alors l'excitation d'un moment, la vitalité et l'expérience directe pour une existence conceptualisée, catégorisée, dirigée et morte. La chose prime.

Les mots prennent éventuellement la forme d'un conditionnement hypnotique puisque leur signification a tellement été cataloguée. Mais cette signification a tellement été conceptuée que les événements que ces mots représentent n'offrent plus de surprise, d'intérêt, d'excitation. On s'attend alors trop à ce que les choses se passent d'une façon donnée en manquant une grande partie de ce qui est vrai et de ce qui arrive.

Il ne s'agit pas de condamner le langage en tant que tel. Lorsqu'il est accompagné du sentiment requis, il peut être un moyen extrêmement puissant, excitant et agréable d'exprimer ses sentiments et de prendre contact avec la vie. Mais il faut être capable de discerner le déséquilibre qui a été produit à ce niveau par notre société. On pense et on parle aujourd'hui trop souvent par contrainte. C'est une façon d'agir qui est employée comme moyen de défense contre l'expérience et contre le monde qui nous entoure.

Le langage qu'emploient tant de gens est composé de noms et de verbes qui ont tellement de sens différents qu'ils provoquent une distraction et nous font perdre le sens réel de ce qui se passe. L'acteur est séparé de l'action. Par exemple, on dit qu'on s'est fait mal au doigt plutôt que de penser à la sensation de la douleur que cela a pu nous causer. On se place trop dans la position de l'observateur et pas assez dans l'action. Il n'y a pas d'éléments statiques dans notre être. Seulement, on peut se rapprocher de cet état de staticité en étant conditionné à le faire par les paroles, les mots et les verbes qui nous ont été appris lors de notre formation intellectuelle.

Cette mystification, cette fantaisie communément acceptée est une division qui commence la césure essentielle. Dans l'ego de la pensée, il y a tous les différents aspects de votre être: le bon vous, le mauvais vous, le vous-devriez, l'avez-vous. Des paroles sans fin, des mots magiques au sujet de la réalité, deviennent plus réels que ce qui est effectivement réel. Cela jusqu'au moment où vous êtes capable d'arrêter cela et de vous rendre compte que vous êtes seul vous-même. Savoir est ne pas savoir; donc . . .

Exister, c'est se mouvoir, agir, changer, s'améliorer. Pour être humain et vivant à la fois, il faut pouvoir vivre à différents niveaux en même temps. Les pensées séparent ce qui est mental de ce qui est physique. Pourtant, les deux existent et doivent exister simultanément. En effet, on pense, on ressent, on respire, on voit, on circule, on digère, tout cela en même temps. Ces actions ont l'air de se séparer parce qu'on ne pense que linéairement, à l'une de ces fonctions à la fois. Ces événements se produisent pourtant tous en même temps et ne sont pas séparés les uns des autres. Lorsqu'on respire, qu'on voit, qu'on entend, qu'on sent, qu'on ressent, qu'on a chaud, qu'on est excité, qu'on est détendu, tout cela se fait en même temps.

En réalité, ce n'est pas tout à fait cela qu'on éprouve puisqu'il ne s'agit que de mots et de symboles. Il faudrait qu'ils rapportent réellement l'existence telle qu'elle est en réalité. Ils devraient, en fait, rapporter le mouvement, la vie, le changement, la réalité de MAINTENANT.

La tension excessive, les mots surabondants et inadéquats ainsi que la limitation sensorielle conduisent tous éventuellement à l'acquisition d'un comportement automatique. On se base sur des règles, des lois et des concepts. On vous dicte la façon dont vous devriez être et ceci empêche la réalisation de soi-même. On tend à faire de nous des robots. Ce fonctionnement automatique donne de la sécurité. Il est efficace, prévisible et catalogué. On emploie des trucs et des techniques pour s'exprimer au lieu de rapporter vraiment les choses telles qu'elles sont et de manipuler les mots pour rapporter les éléments réels de la vie. Ces éléments fondamentaux n'étant plus accessibles, la vie est faussée et on n'a plus accès à la joie, l'amour, l'humour, l'honnêteté. On devient finalement ennuyé et, au point de vue sensibilité, diminué au minimum.

Chapitre 4

LA DECOUVERTE

de l'un et de l'autre

Afin de prendre connaissance de ce qui est manifesté ici, voici quelques jeux que pratiquent deux personnes à la fois, et qui leur permettent de réellement se connaître davantage l'une l'autre.

Introduction au claquage.

Comme dans toute chose, il y a aussi dans le claquage un bon et un mauvais côté. La plupart d'entre nous avons été impressionnés de bien mauvaise façon dans le passé, en nous faisant donner de douloureuses claques. Le claquage stimule, encourage, enorgueillit, tout comme une tape dans le dos ou un tapotement sur la tête, comme on le fait aux enfants et aux chiens.

Suggestions pour claquer les autres personnes.

1) Faites un mouvement facile pour pouvoir donner beaucoup de vous-même.
2) Laissez votre main épouser le contour de la partie du corps sur laquelle vous appliquez le claquage.
3) Claquez avec les deux mains à la fois, de façon à ne pas agacer votre partenaire.
4) Ne raidissez ni vos poignets ni vos épaules.

5) Continuez à respirer librement lorsque vous claquez. Si vous retenez votre souffle en ce faisant, vous vous fatiguerez vite.

Instructions lorsque vous vous faites claquer.

1) Gardez les yeux fermés durant toute l'expérience, à moins qu'on ne vous demande expressément de faire le contraire.
2) Ne contractez pas les muscles de votre corps. Laissez le claquage et son effet vous traverser le plus profondément possible.
3) N'essayez pas de provoquer ou d'empêcher quoi que ce soit. Soyez ouvert et attentif.
4) Si les claques sont trop fortes, faites-le savoir immédiatement à votre partenaire. Si vous tenez à ce qu'il y aille plus fort, dites-le-lui immédiatement.
5) Continuez à respirer librement. Si vous retenez votre souffle, vous empêcherez le claquage de produire son plein effet.

NE PARLEZ PAS DURANT CES EXPERIENCES, A MOINS QU'ON NE VOUS DEMANDE EXPRESSEMENT DE LE FAIRE.

Suivez les instructions à la lettre, même si elles peuvent à certains moments vous sembler ridicules. Si vous le faites comme on vous le dit, vous verrez que tout deviendra bientôt logique.

Suggestions pour taper les autres.

1) Observez tout d'abord la région que vous devrez taper et la personne de votre partenaire.
2) Gardez les mains et les doigts souples; évitez d'être tendu.
3) Tapez simultanément avec les deux mains, sans vous presser et gardez un rythme bien égal.
4) Après avoir tapé des endroits précis, recommencez à taper sur toute la région qui englobe ces endroits. Mais cette fois, allez-y plus délicatement.
5) Continuez à respirer pendant que vous tapez.

Instructions pour vous faire taper.

1) Gardez les yeux fermés durant toute l'expérience à moins qu'on ne vous demande de faire le contraire.
2) Laissez-vous aller. Laissez-vous traverser par l'effet de ce qui vous est fait.

3) N'essayez pas d'induire ou de créer une impression dans votre être; laissez l'expérience faire son effet.
4) Avertissez votre partenaire si les tapes sont soit trop fortes, soit pas assez fortes ou s'il doit continuer de taper plus longtemps.
5) Continuez à respirer. Laissez votre respiration se régler d'elle-même avant, pendant et après l'expérience.

Instructions pour toucher les autres.

1) Etablissez une relation d'esprit et de corps avec la personne que vous allez toucher.
2) Laissez vos mains s'adapter au contour de la surface que vous allez toucher.
3) Touchez lentement et délicatement, en approchant et en vous éloignant avec sensibilité. Ces mouvements devraient durer une dizaine de secondes au moins.
4) Donnez à votre partenaire tout le temps voulu entre chaque toucher pour qu'il prenne conscience de ce qui lui est fait.
5) Ne bougez plus les mains ou les doigts de l'endroit contacté après les y avoir posés.
6) Le toucher est ferme et léger. Ne bousculez pas votre partenaire ou ne l'écrasez pas.
7) Gardez votre attention sur ce toucher que vous faites. Ne laissez pas votre esprit s'éloigner de ce que vous faites.

Suggestions lorsqu'on vous touche.

1) Gardez les yeux fermés pendant toute l'expérience à moins qu'on ne vous demande de faire le contraire.
2) Soyez ouvert à ce que l'on vous fait et laissez l'effet de ce toucher vous traverser mentalement.
3) Ne résistez pas à la sensation qui est alors produite dans votre être. Laissez-vous aller. N'essayez pas de provoquer quelque sensation que ce soit et n'empêchez rien de se produire.
4) Informez votre partenaire si le toucher est bon ou mauvais.
5) Continuez à respirer librement.

Taper la tête.

Tenez-vous debout derrière votre partenaire. Il ferme alors les yeux. Repliez les doigts aux articulations. Commencez par taper le dessus de la tête. Le tapotement doit être rapide et rebondissant, ni trop fort ni trop mou. Il doit être produit simultanément des deux mains à la fois. Les doigts doivent sauter d'environ un demi-pouce. Travaillez chaque surface pendant environ 15 secondes. Tapotez tout l'arrière de la tête, autour, des oreilles et des côtés de la tête.

Maintenant, tapotez le front. Couvrez-en toute la surface délicatement et rapidement. Diminuez graduellement le mouvement jusqu'à ce que vous arrêtiez. Eloignez-vous. Attendez de 30 à 45 secondes afin de permettre à votre partenaire de ressentir l'effet de cette expérience. Maintenant, venez de l'arrière, faites le tour de votre partenaire et faites-lui face. Changez de place avec lui.

Toucher

Le toucher de la tête. 2

Prélude à l'expérience: « tapotement et claquage de la tête ».

Placez délicatement une main sur le front et l'autre sur l'arrière de la tête de votre partenaire. La main qui est sur le front doit être placée vis-à-vis de celle qui est à l'arrière de la tête. Les deux mains doivent toucher et quitter les endroits touchés en même temps. Veillez à vous éloigner bien graduellement lorsque vous le faites. Chaque toucher doit durer à peu près 45 secondes, et l'intervalle entre les touchers, 30 secondes.

Maintenant, placez les deux mains sur les côtés de la tête au-dessus des oreilles. Ne bougez plus et n'appuyez pas trop fort. Restez ainsi 45 secondes. Relâchez tranquillement, sans vous presser.

Cette fois encore, placez doucement une main sur l'avant et l'autre sur l'arrière de la tête. La paume de la main qui est en avant doit couvrir les sourcils, tandis que le bas de la main touchera l'arête du nez. La main qui est à l'arrière couvrira la partie inférieure de l'arrière de la tête et la partie supérieure de la nuque. Après avoir touché le temps voulu, éloignez-vous sensiblement et délicatement de façon que votre partenaire ressente les effets de ce toucher qui vient de lui être fait. Changez maintenant de place avec lui.

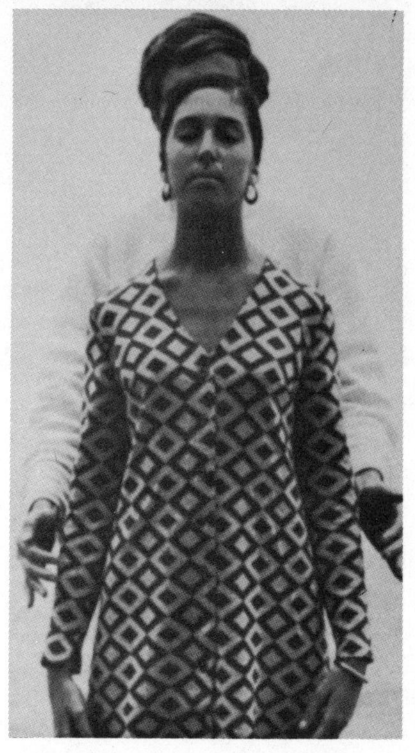

Claquage des épaules.

Restez debout derrière votre partenaire et regardez ses épaules. Il ferme alors les yeux. Attendez une trentaine de secondes pour qu'il se mette à l'aise. Claquez toute la surface depuis le dessus des épaules à la base du cou jusqu'à la pointe des doigts. Ce claquage doit se faire de façon plus ou moins vigoureuse, selon l'état de la

Claquage

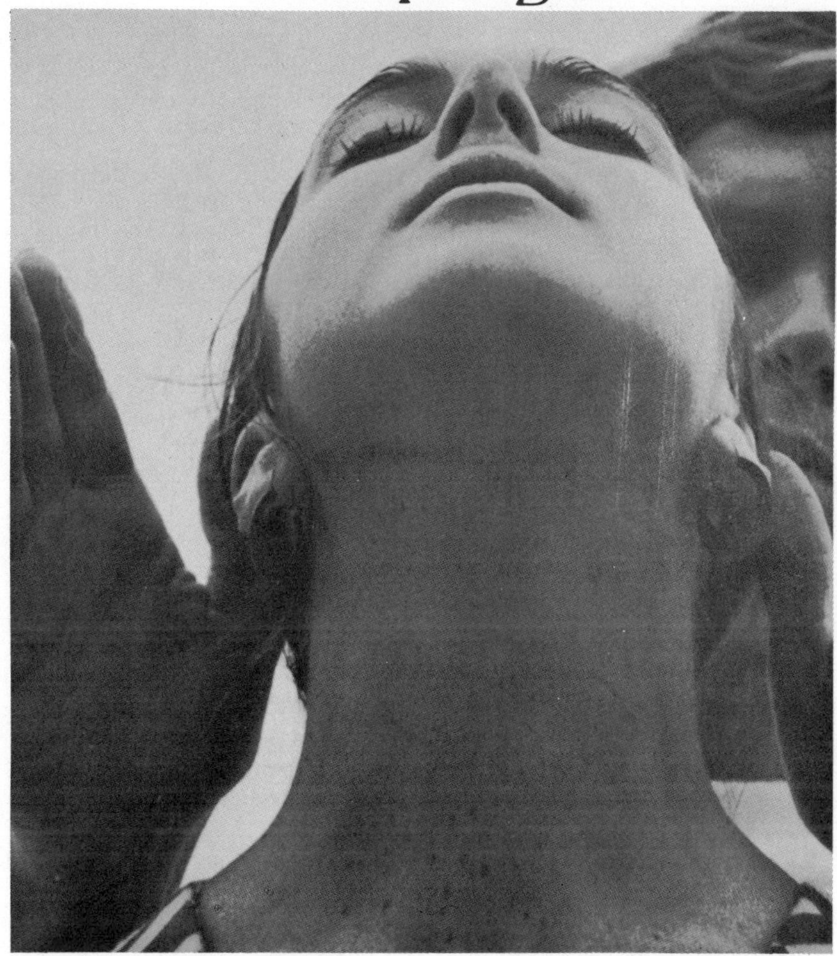

musculature de votre partenaire. Soyez plus doux sur l'arrière des poignets et des mains. Le claquage à cet endroit peut quelquefois pincer indûment. Claquez la région des mains et des bras trois fois. Retournez maintenant vers le haut et claquez vigoureusement les épaules. Passez alors aux omoplates. Tapotez délicatement toute la surface que vous avez couverte et éloignez-vous lentement. Attendez 30 secondes afin que votre partenaire ressente les effets de ce que vous venez de faire et en prenne conscience.

Le toucher de l'épaule

Prélude à l'expérience:
« claquage de l'épaule ».

Tenez-vous debout derrière votre partenaire. Délicatement, mais fermement, placez vos deux mains sur le dessus de ses épaules, tout près de la base du cou. Faites chaque toucher pendant 30 à 40 secondes et attendez 30 secondes entre chacun de ces touchers. Gardez vos mains sensibles et éveillées au toucher. Retirez lentement vos mains. Attendez suffisamment longtemps pour que votre partenaire puisse digérer l'effet de ce contact. Le second toucher se fait sur le bord extérieur des épaules, mais toujours sur le dessus. Le dernier toucher de cette série se fait sur l'épaule, mais à l'intérieur et en arrière en appuyant délicatement vers le milieu du corps.

Retirez-vous lentement. Donnez à votre partenaire le temps de ressentir l'effet de ce que vous venez de faire. Sans parler, il ouvre maintenant les yeux. Intervertissez les rôles.

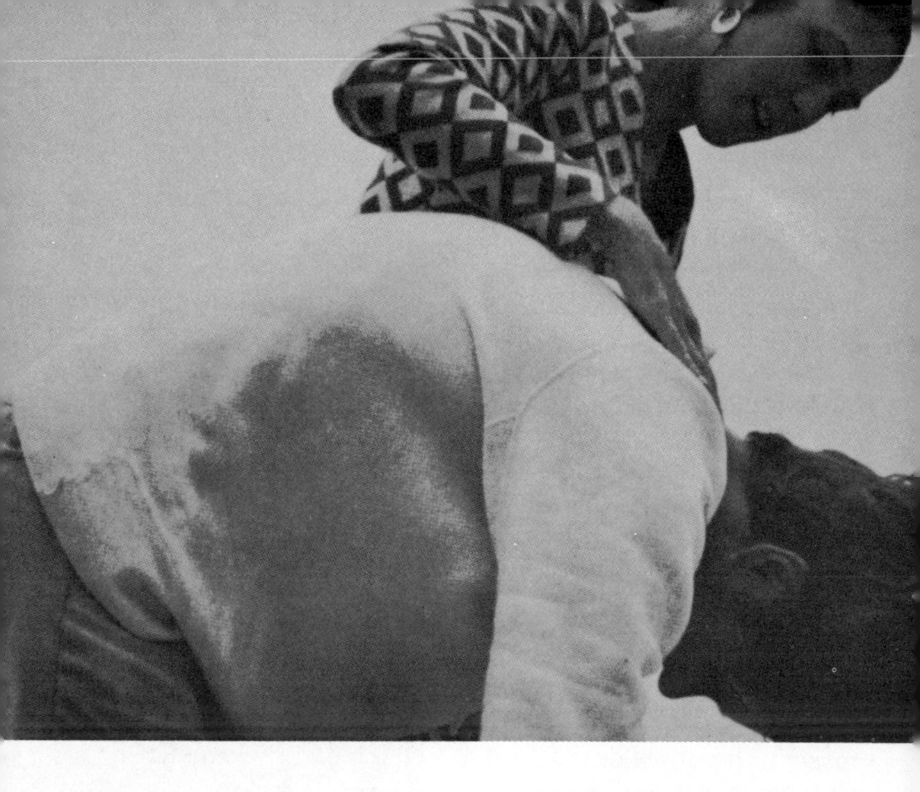

Claquage du dos — partenaire penché vers l'avant

Un des partenaires se penche en avant, les bras pendants, le bout des doigts pointant vers le sol. Les genoux doivent être droits mais pas serrés. L'autre partenaire claque vigoureusement tout le dos. Cela doit inclure les côtés du dos et les fesses. Couvrez toute la région trois ou quatre fois. Diminuez votre claquage et retirez-vous aussitôt que vous avez terminé le mouvement. Le partenaire qui vient de se faire claquer reste penché en avant et attend d'en ressentir les effets. Ensuite, il se relève lentement, « une vertèbre à la fois », en prenant de 15 à 30 secondes pour accomplir son mouvement. Il prend conscience de la sensation produite dans son dos. Les partenaires changent de place.

Se soulever réciproquement

Prélude: claquage du dos.

Le partenaire à soulever s'étend sur le dos et ferme les yeux. Il n'aidera ni n'empêchera ce qu'on va lui faire. S'il a tendance à retenir ou à aider, la personne qui le soulève lui demande non verbalement de n'en rien faire. La personne qui soulève saisit fermement les chevilles du partenaire couché et lui soulève lentement les jambes à 45 degrés. Elle maintient cette position pendant 10 secondes, puis elle laisse redescendre les jambes. Elle s'éloigne et laisse le partenaire ressentir les effets du mouvement qui vient d'être effectué. Puis l'exécutant saisit d'une main ferme l'arrière de la tête du partenaire couché (pas la nuque) et il la soulève à 45 degrés. Il garde cette position durant 10 secondes puis replace la tête sur le sol de la même manière qu'il l'a soulevée. Il retire délicatement et graduellement ses mains de sous la tête du partenaire couché. Chaque mouvement d'élévation devrait prendre au moins 15 à 30 secondes. Ramener la tête au sol se ferait en 15 secondes. Les partenaires intervertissent alors les rôles.

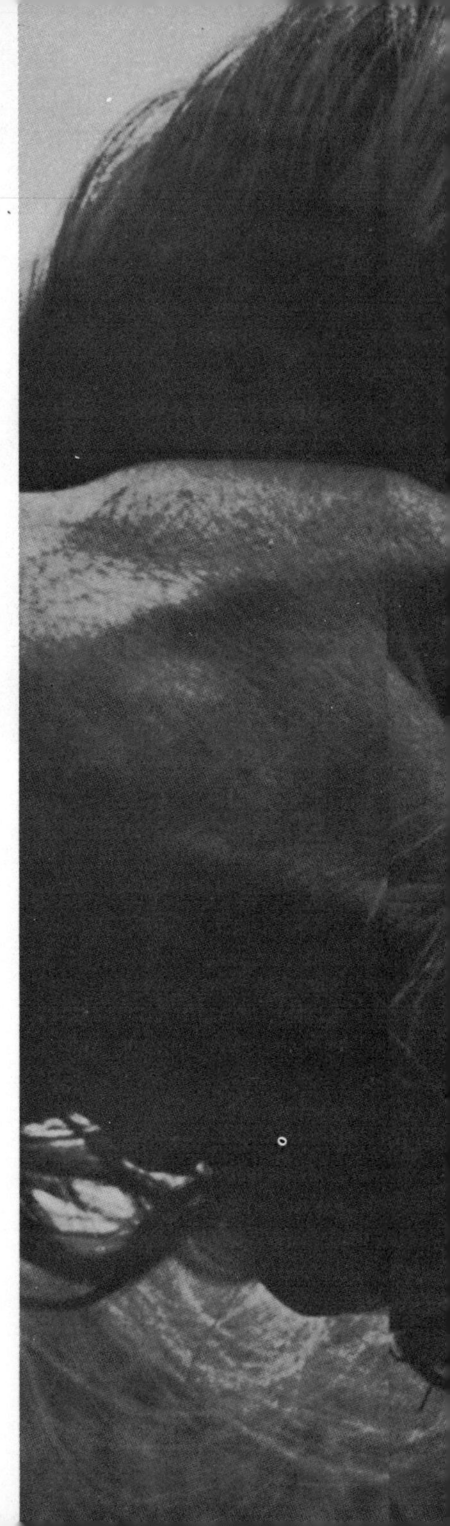

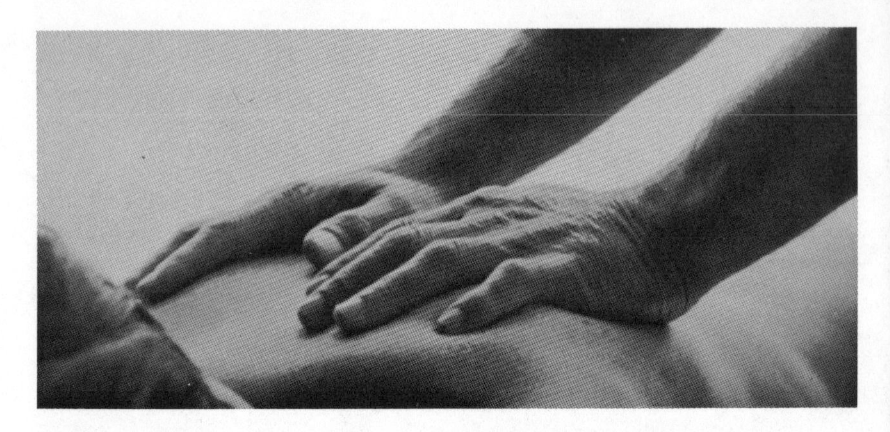

Claquage du dos

Le partenaire qui subit l'expérience s'étend sur le ventre. Il ferme les yeux et s'installe confortablement dans cette position. On lui donne environ 1 minute pour se mettre à l'aise. Puis le partenaire actif commence par lui claquer les épaules, ensuite le dos sur toute sa longueur et les fesses du sujet. Il ne faut pas oublier de claquer les côtés du bas du dos. Le claquage doit être vigoureux et accompli avec beaucoup de vitalité mais il ne doit ni punir, ni blesser, ni faire mal. Couvrez toute la région trois fois de cette manière et encore une fois plus délicatement. Après avoir terminé cette expérience, attendez de 30 à 45 secondes pour que le partenaire en ressente les effets.

Le toucher du dos

Prélude à l'expérience: « claquage du dos ».

Le partenaire passif est étendu sur le ventre, les yeux fermés et il s'installe à l'aise. Le partenaire actif place d'abord les mains dans la région des omoplates. Les deux mains doivent effectuer ce toucher de façon simultanée. Elles doivent être posées à plat et sans crispation. Après quoi, le partenaire actif ferme les yeux et perçoit la sensation produite par la respiration du partenaire passif. Il doit en ressentir les mouvements. Après 30 secondes au moins il retire lentement les mains. Le second toucher doit se faire dans la région du bas des côtes et le troisième sur la région lombaire. Chaque toucher dure

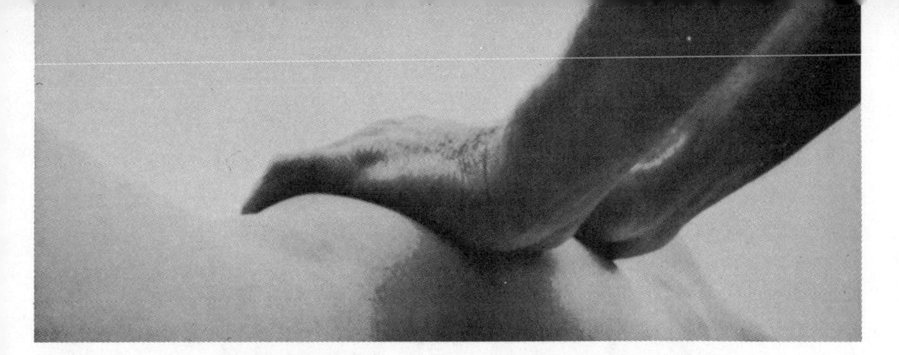

de 30 à 45 secondes, avec un arrêt de 30 secondes après chacun. Percevez, entre-temps, d'où la respiration semble venir. Prenez conscience de ce que ces touchers produisent chez vous. Après le dernier toucher, le partenaire passif ouvre les yeux et, sans parler, change de place avec l'autre.

Claquage de l'arrière des jambes

Le partenaire passif est couché sur le ventre. Le partenaire actif lui claque la partie inférieure du corps, depuis les fesses jusqu'aux orteils. Les deux jambes doivent être claquées simultanément. Claquez les côtés aussi bien que l'arrière des jambes en n'oubliant pas le talon et la plante du pied. Couvrez complètement toutes ces régions au moins trois fois.

Retirez-vous et donnez à votre partenaire le temps de ressentir les effets de ce que vous venez de faire. Changez de place avec lui.

Le toucher de l'arrière des jambes

Prélude à l'expérience: « claquage de l'arrière des jambes ».

Le premier toucher se fait avec les deux mains sur les deux fesses. Les mains sont posées délicatement et fermement en épousant le contour de la région touchée. Prolongez chacun des touchers pendant 40 secondes et retirez-vous lentement à chaque fois. Attendez 30 secondes après chaque toucher. Au second toucher les deux mains côte à côte enserrent l'arrière de la cuisse gauche. Au troisième les deux mains se placent derrière le mollet gauche, encore une fois côte à côte. Répétez ces deux derniers touchers sur la jambe droite. Prenez conscience de l'effet que les touchers ont produit.

Chapitre 5

LE TONUS OPTIMAL

La relaxation sensorielle représente l'aise, le don de soi, l'abandon, l'ouverture de soi-même à la vie. C'est l'état naturel et normal de l'organisme. C'est une condition dans laquelle les nerfs et les muscles éprouvent la sensation dans sa totalité et accordent sans effort leur tonalité intérieure.

L'aise, tout comme la digestion, n'est pas quelque chose que l'on provoque. On doit lui permettre de se faire d'elle-même. Le contraire de la tension excessive est le relâchement incomplet, le sommeil, l'écrasement et l'affaissement. Le tonus optimal s'obtient en étant vivant et relâché, alors que la dépense musculaire indispensable ne doit être employée que pour lui permettre de fonctionner efficacement.

Le tonus optimal est un concept dynamique dans lequel l'organisme s'ajuste automatiquement à la quantité de tension musculaire requise pour exécuter une action déterminée. On peut prendre exemple chez le chat qui est assis tranquillement, complètement éveillé, les yeux ouverts ou même quelquefois fermés et qui respire normalement, mais qui est prêt à bondir à l'action au moment voulu. Le tonus optimal exige qu'on se voue totalement, qu'on s'absorbe complètement dans toute activité ou toute inactivité, en essayant de ne pas produire d'effort excessif ni de dépense inutile d'énergie. Il s'agit donc de permettre à l'organisme d'accomplir son travail avec un minimum de dépense d'énergie. Les muscles sont alors fermes, doux et souples, et permettent d'obtenir la coordination, la sensibilité et l'intégrité requises. Cette facilité et ce tonus optimal ultime ne sont pas l'apanage des seuls animaux. Les athlètes, les maîtres de danse et les artisans connaissent bien cette faculté, puisqu'il la possèdent eux aussi.

Cette sorte de relaxation permet d'exercer ses activités en s'affaiblissant moins et assure une régénération maximale durant le repos. La respiration, la circulation, la digestion et l'élimination devenues ainsi plus normales, la santé s'améliore et l'on acquiert une facilité plus grande pour apprendre, vivre et aimer.

La tension excessive, la raideur ne doivent être qu'une action d'urgence ou temporaire. La réaction du corps, la mobilisation de ses forces pour faire face au stress doivent servir au combat et à la fuite. Une tension nerveuse ou même un stress temporaire peuvent représenter un état normal à certains moments. Il est cependant anormal d'être continuellement et de façon chronique sous tension excessive. Cela entraîne un manque de confort, du désordre et de la maladie.

Le tonus musculaire

Une certaine tension musculaire est cependant désirable et même nécessaire pour se tenir debout. Certaines activités demandent plus de tonus et d'énergie. Par exemple, le fait d'être assis plutôt que couché, debout plutôt qu'assis, de marcher plutôt que d'être simplement debout: autant d'attitudes qui

exigent une dépense plus grande d'énergie les unes que les autres.
Les enfants et les animaux gardent leur souplesse et leur flexibilité; dès qu'une situation cesse d'exister, leurs muscles se réadaptent d'eux-mêmes rapidement, selon les circonstances. La plupart des adultes, eux, sont portés à réagir selon des symboles, d'après des situations passées aussi bien qu'actuelles, et ils conservent leur tension nerveuse même quand elle n'est plus nécessaire. Cette tension habituelle devient chronique et retient la sensibilité. Elle nuit aussi à la souplesse des adultes, à leur productivité et au fonctionnement normal de leur organisme.

Paradoxalement, la première chose à faire pour apprendre à vous relaxer, c'est de vous rendre compte de la tension qui existe dans votre être. La tension musculaire n'est en réalité qu'un cri de détresse de votre corps qui vous indique qu'il est temps de « cesser d'être tendu », qu'il faut le laisser fonctionner. Oui, voilà ce que vous dit votre corps. Deuxième phase de l'apprentissage de la relaxation: vous rendre compte et ressentir que c'est vous-même qui créez cette tension. Cela peut se faire automatiquement, en-dessous du niveau de votre conscience; mais c'est tout de même vous qui créez cet état (ou cette ruine). Troisième phase: découvrir, trouver comment vous provoquez et maintenez ces tensions: le serrement affecte-t-il votre poitrine (gênant votre respiration) ? serrez-vous trop fort les mâchoires (par crainte de décapiter quelqu'un d'un coup de dents, si vous l'ouvrez) ? Etape finale: vous laisser aller. Ce relâchement ne se fait pas en évitant la tension nerveuse, mais bien en prenant conscience de celle-ci, en vous en rapprochant et en vous fondant avec elle. Trouvez alors ce que cela produit en vous, ce que cela vous fait. Si vous en prenez conscience et laissez faire, votre tension finira par disparaître.

L'organisme

La relation entre le corps et l'esprit est une interconnexion qui représente un tout. La tension qui existe dans un endroit se reflète toujours dans d'autres endroits. Le tonus optimal dans l'importe quelle

région permet d'acquérir un repos plus réparateur. Certains endroits du corps tendent à être sous tension plus que d'autres. Par exemple, lorsqu'on se serre la nuque afin de réduire son émotion (c'est peut-être dans l'espoir de couper certaines connexions).
Lorsqu'on a de la tension musculaire autour des épaules (il s'agit probablement d'une réaction d'arrêt pour se retenir de frapper quelqu'un).
Lorsqu'on a les hanches bien tendues (on se retient alors probablement de satisfaire des besoins essentiels). Lorsqu'on retient son souffle (on essaye peut-être de réduire l'excitation du moment). Lorsqu'on se force les yeux (il se peut que ce soit pour essayer de voir à travers tout ce qui ne va pas).

La tension des yeux est une chose subtile. Il arrive même parfois qu'on ne réalise pas qu'elle existe. Elle augmente pourtant appréciablement la fatigue et elle diminue l'efficacité et la joie de vivre. Lorsque l'on pousse et que l'on force sa vue continuellement, on rend la tâche plus difficile aux autres parties du corps. Les yeux travaillent mieux lorsqu'ils ne sont pas assujettis à un effort excessif. Comme tous les autres organes. Voir c'est être ouvert au monde qui nous entoure.

En étant seulement plus informé, en gardant les yeux ouverts, en aiguisant vos sensations, en cherchant des yeux et en vous laissant aller, vous vous rendez compte de la différence.
Dans certains cas, la tension nous fait tellement resserrer les muscles qu'ils finissent par se durcir à la longue. Les tissus dépérissent alors, et perdent ainsi leur souplesse, leur élasticité et leur tonus. Certains muscles finissent même par se rétrécir tandis que d'autres s'allongent. L'équilibre du corps se trouve alors déréglé. Il en résulte éventuellement une déformation et une mauvaise santé.

Pour se renseigner sur ces problèmes compliqués, ainsi que pour les difficultés qui sont causées par des fonctions remontant encore plus loin, il serait bon de se référer au travail de pionnier d'Ida Rolf.
Sa méthode s'appelle « Intégration structurelle ». Elle est basée sur la manipulation des fascias musculaires profonds et elle a pour but de rétablir le réalignement de tout l'organisme.

Chapitre 6

EVEIL SENSORIEL

L'homme est énergie-flux-forme. Libéré ses désordres excessifs, il est vie illimitée, progression, pouvoir d'action. Les concepts négatifs et la tension chronique produisent de la fixation et de la solidification non seulement mentale mais aussi physique. La socialisation à l'extrême, les blessures, la pression de tous les jours finissent par produire une déformation non seulement de l'esprit mais aussi du corps et par créer un manque de vitalité alors que l'énergie et que la créativité sont bloquées. Grâce à la relaxation que nous préconisons et en se resensibilisant ainsi, le corps peut parvenir à se rétablir et à se transformer pour le mieux.

L'éveil sensoriel c'est le contraire de l'hypnose. C'est un moyen d'échapper aux règles rigides, aux sensations rigoureuses, aux pensées sévères, à la contrainte; c'est une série d'expériences, d'exercices et de jeux qui sont faits pour calmer la préoccupation verbale dominante de l'esprit de façon à pouvoir se libérer de la tension musculaire chronique et à éveiller sa conscience à l'expérience sensorielle directe de ce qui arrive ici et maintenant.

L'éveil sensoriel est un dé-conditionnement, un moyen de défaire, afin de refaire, c'est une méthode qui permet de se détourner de l'esprit égocentrique (ces voix intérieures qui constamment analysent, rationalisent, excusent et punissent). C'est un moyen de s'aider à se laisser aller, de s'ouvrir à la possibilité d'accomplir aisément et sans effort ce que l'on doit faire, sans se forcer et sans trop essayer; de laisser glisser. Le tonus optimal, c'est de se relaxer, de se détendre complètement et absolument. C'est un confort dynamique basé sur les besoins du corps.

C'est un moyen de percevoir l'expérience directe, c'est un retour au procédé primaire. C'est une prise de contact qui n'est pas filtrée et qui permet de voir ce qui se passe réellement, sans être dans l'expectative ou dans quelque inhibition excessive que ce soit. C'est un moyen qui élimine la séparation et qui permet de percevoir de façon réelle le moment qui se présente. Toutes les facultés sont alors unifiées dans ce seul moment de façon totale et entière. On découvre alors l'existence du vent chaud dans la lumière de l'après-midi, de ces feuilles brillantes, du gazon ombragé, des tons de couleurs qui se fondent les unes aux autres. Tout cela se présente à vous chaque jour et malheureusement ces moments ne se représenteront plus jamais.

L'éveil sensoriel est un procédé qui sert à resensibiliser le corps afin de lui permettre d'être plus vivant encore, d'exister ardemment, de pouvoir prendre contact avec la vie. Il vous permet de devenir plus conscient de ce riche potentiel qui existe en vous. Il vous permet aussi de redistribuer votre être sensoriel de façon plus normale et plus égale dans toutes les parties de votre organisme. Il vous permet de vous défaire de cette façon de vivre automatiquement, façon qui afflige tout le monde aujourd'hui, de devenir conscient de l'existence de la communication non verbale, du langage et de la posture adéquate du corps.

La vie du corps s'exprime par la respiration, la marche, le toucher, par une infinie possibilité de sensations qui peuvent être expérimentées et savourées. Par exemple, la relation entre ce qui est léger et lourd; la chaude circulation du sang, la salive douce dans la bouche. On n'a dès lors plus de raison de pousser, de forcer son organisme puisqu'il joue et travaille de lui-même sans avoir besoin d'aucune aide. Les yeux voient sans effort, les oreilles entendent, le nez sent, on peut enfin goûter et ressentir.

Nous sommes nés sensibles. On nous a désensibilisés. Mais il nous est possible d'être resensibilisés. On peut alors enfin diriger toute son attention sur l'expérience des sens, ce qui permettra d'agir sans stress excessif. On pourra ainsi se débarrasser de ce qui vous bloque habituellement et enfin percevoir cette vie subtile remplie de mouvement et de plaisir.

La communication non verbale se retrouve quand on se donne la main, dans l'attitude, l'expression du visage, l'aspect de la personne, le ton de la voix, la façon de se coiffer, de s'habiller, les gestes, l'expression des yeux, le sourire, dans le degré de familiarité avec les autres, dans la façon d'écouter, dans la confiance en soi et dans les autres, dans sa façon de respirer, dans son haleine, ses manières, ses manies, sa façon de se déplacer, de se tenir debout, dans sa façon d'observer les autres et dans sa façon de les toucher.

Ces aspects de votre personnalité affectent vos relations avec ceux qui vous entourent, cela souvent sans que vous le réalisez, et eux pas davantage.

Le plancher n'est dur ou doux que dans sa relation avec la surface qui le touche. Pour chaque action, il existe une réaction qui lui est égale et opposée. Se tenir sur le plancher est chose facile. Sachant cela, les Japonais dorment sur un plancher nu.

Lorsque l'on se force à regarder bien et avec précision, on se surmène les yeux et l'on produit de la fatigue et de l'irritation. Des yeux qui sont reposés nous permettent de voir le monde qui nous entoure plein de douceur et d'aisance. Lorsqu'en allant à la toilette on se force à éliminer les poisons emprisonnés dans son organisme, on pose simplement un acte qui ressemble à la façon dont on est porté aujourd'hui à traiter le reste de son corps. Lorsqu'on mange sans mastiquer, on essaye d'avaler le reste du monde. On a peur de respirer, d'être en vie, de donner et de se laisser aller.

La vie c'est donner
et recevoir le souffle.

La façon de traiter et de maltraiter, de se maintenir en relation avec le reste du monde et les autres sous tous leurs aspects, reflète bien cette relation qu'on a avec soi-même.

Votre corps vous parle constamment. Son message vous signale ce que vous êtes réellement et non pas ce que vous croyez être. Prenons par exemple l'attitude: comment vous tenez-vous debout devant la vie? Il y a des gens qui portent le fardeau du monde sur leurs épaules. Il y en a d'autres qui sont tellement déséquilibrés qu'ils ont peine à se tenir sur leurs deux pieds. Il y a des filles qui manquent d'appuis et qui jouent constamment des coudes. Plusieurs tendent le cou vers l'avant parce qu'ils veulent justement aller de l'avant dans la vie. D'autres se tiennent le cou bien serré, le visage renfrogné, ayant peur de perdre la tête. Vous n'avez qu'à observer autour de vous tous ces gens qui ont le visage impossible et la tête dure.

Il y a des gens qui sont tendus, qui se retiennent, qui ne se donnent pas et qui se tiennent les fesses serrées. Lorsque les muscles du dos sont trop faibles, on manque de cran. Ceux qui sont stables gardent solidement les pieds sur terre. Ceux qui n'ont pas de contact sensoriel avec leur corps manquent souvent de réalisme et ont la tête dans les nuages. D'autres ne respirent à peu près pas parce qu'ils ont trop peur. Ceux qui sont soi-disant stoïques serrent la lèvre supérieure tandis que ceux qui sont malheureux ont les commissures de la bouche tendues vers le bas.

Le langage du corps est littéral. Lorsqu'on est déprimé, c'est en fait qu'on fait pression sur soi-même. Lorsqu'on est renfermé c'est qu'on se tient tendu en se resserrant contre tout le monde. Lorsqu'on est ouvert, c'est qu'on est doux. Lorsqu'on est dur c'est qu'on est tendu, froid, isolé et qu'on se rend la vie difficile à soi et aux autres. La douceur est synonyme de plaisir, de chaleur, de facilité et de vie.

Est-ce que cela vous dirait d'attraper quelqu'un? Est-ce que votre patron est un casse-pieds? Quelque chose vous fait-il mal? Qu'est-ce que votre dos qui vous fait mal essaye de vous dire? Et votre ulcère? Y a-t-il quelque

chose ou quelqu'un que vous
ne pouvez pas digérer?
Qu'est-ce que c'est que cette
chose que vous avez sur le
coeur et dont vous voudriez vous
libérer? Votre corps vous parle
tout le temps. Il vous dit et
vous signale ce que sont vos
besoins. ECOUTEZ-LE.

Il n'y a rien de spécial au sujet
de l'éveil sensoriel, à votre
propos, excepté ceci:
Cet éveil sensoriel vous fera
réaliser que vous vivez sur une
grosse boule, au milieu de
l'espace. Que vous pouvez voir,
entendre maintenant, toucher,
goûter et sentir, que les fleurs,
le soleil existent, que vous
pouvez courir, marcher, vous
asseoir, vous lever, vous étirer,
parler, dormir, que vous pouvez
ressentir le plein amour. Ceci
est votre droit de naissance,
parce que ce n'est pas assez
que d'être en vie, de voir la mer,
le ciel et d'observer les
changements qui se manifestent
autour de soi, de manger, de
parler, de rire et de créer,
d'aimer, de ressentir, de
percevoir la présence de l'air,
du sol, du soleil, de soi-même,
il faut ne pas être obligé d'être
quelqu'un.

Chapitre 7

LE SENS INSTANTANE

Voici une série de micro-méditations, un groupe d'expériences mini-sensorielles qui ont pour but de vous introduire dans la réalité et de vous faire profiter pleinement du moment présent. Elles ont aussi pour but de vous relaxer, de vous éveiller, de vous stimuler et vous remettre à l'aise.

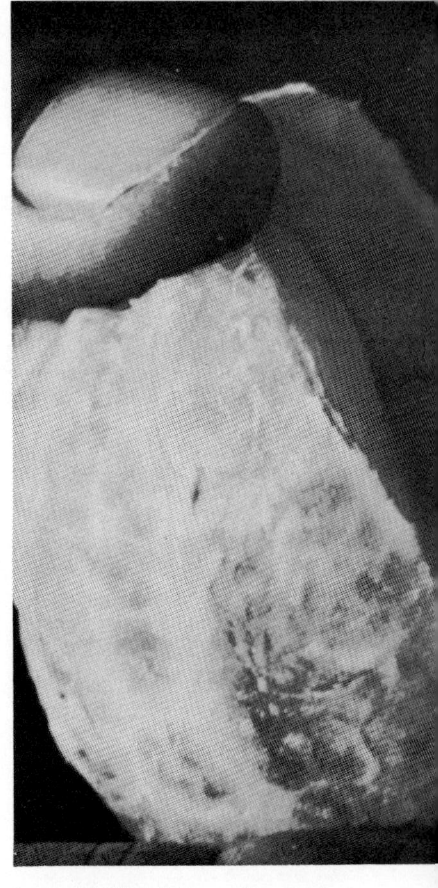

Peler une orange:

Prenez une orange dans la paume de votre main. Regardez-en la forme, la couleur, son dessus et son dessous et la structure de sa pelure. Sentez-la. Fermez les yeux et faites rouler l'orange dans la paume de vos mains. Ecoutez le son que font vos mains lorsqu'elles la touchent. Roulez-la ensuite sur toute la surface de votre figure. Les yeux fermés, ressentez-en la température qui est transmise à votre figure en ce faisant. Prenez conscience de l'impression que cela laisse sur votre visage. Ouvrez les yeux et regardez-la. Sensiblement, brisez-en la pelure et

commencez à la peler. Regardez le jus qui sort de sa chair. Ecoutez le bruit que cela produit. Ressentez le bris de la pelure. Regardez-la se défaire en morceaux. Essayez de garder la pelure en un seul morceau en la pelant. Regardez la pelure se détacher du fruit. Prenez votre temps. Ecoutez chaque son que cela produit. Regardez à l'intérieur de la pelure, sentez-la. Regardez la chair du fruit, sa couleur, sa peau. Aussi lentement que vous pouvez le faire, séparez l'orange en deux et observez cette séparation se faire. Séparez une des deux moitiés et enlevez-en la pelure en petites sections. Fermez les yeux et mangez-la petit morceau par petit morceau.

Se laver les mains:

Fermez les yeux. Prenez conscience de toute l'action de se laver les mains et de ce que cela peut comporter. Faites ceci lentement. Savonnez-vous complètement et très bien. Prenez conscience de l'eau qui tombe sur vos mains. Rincez-vous les mains et constatez la sensation qui existe maintenant sur vos mains. Ouvrez les yeux. Savonnez-vous et rincez-vous encore une fois en vous arrêtant à chaque détail de cette opération. Séchez ensuite vos mains et prenez conscience de la sensation qu'elles vous procurent maintenant.

Variations: faites cette expérience en vous frottant les mains avec de l'huile ou de la crème.

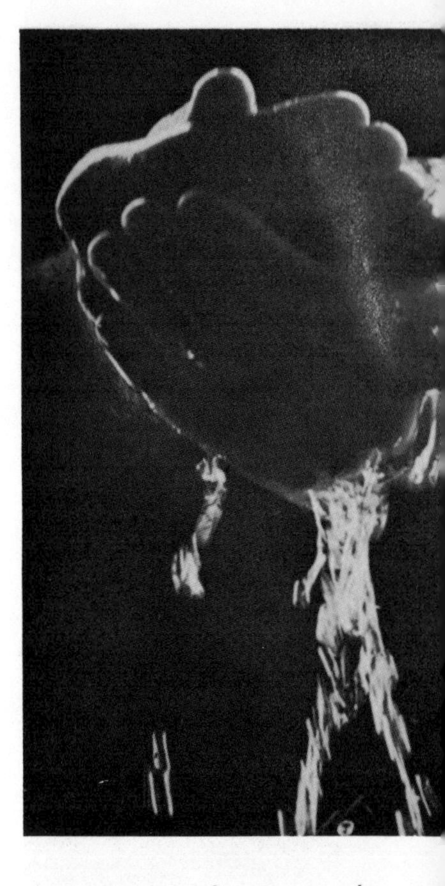

Réaliser le moment présent:

Fermez les yeux. Prenez conscience de la surface sur laquelle reposent vos pieds. Ecoutez attentivement les sons qui existent dans la pièce dans laquelle vous êtes. Vérifiez votre façon de respirer. Faites attention au courant d'air dans lequel vous êtes placé et ressentez l'air qui touche toutes les parties découvertes de votre corps, le visage et les mains. Ressentez la sensation que vous donne chacune des pièces de vêtements que vous portez et qui touchent votre peau. Portez attention à votre nombril. Ensuite sur le bout de votre nez. Les yeux fermés, prenez maintenant conscience de votre façon de vous sentir. Ensuite, ouvrez lentement les yeux.

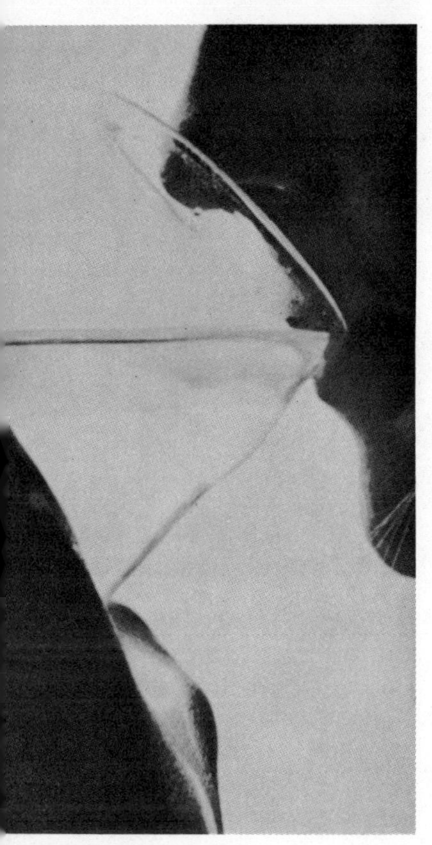

Se rincer la bouche.

Fermez les yeux et brossez-vous les dents pendant trois minutes avec beaucoup d'attention. Rincez-vous la bouche et prenez conscience de la sensation que cela vous a apportée.

Fumer une cigarette:

Prenez conscience de tous les gestes que peut comporter l'action de fumer une cigarette. L'allumer, la façon de la savourer et de l'éteindre. La façon de la sortir du paquet. Le bruit de l'allumette qu'on frotte, la couleur de la flamme, la première bouffée, la couleur de la fumée. Fermez les yeux et considérez l'action d'approcher la cigarette de votre bouche, l'inspiration et l'expiration de la fumée. Regardez brûler le papier de la cigarette. Arrêtez-vous un moment après chaque bouffée et remarquez votre façon d'éteindre la cigarette. Fermez les yeux et prenez conscience de la sensation que cela a produite chez vous.

Les gens fument en général de façon impulsive. Cela est dû au fait qu'ils ne jouissent pas de cette action qui est devenue automatique et qu'ils ne sont pas satisfaits de ce qu'ils font. Il vaut beaucoup mieux fumer moins et en profiter davantage.

Etirer votre corps:

Tenez-vous debout ou étendez-vous sur le plancher. Fermez les yeux. Prenez conscience de la sensation que vous donne toute la surface de votre corps. Sans vous forcer plus qu'il ne le faut, étirez chacun des membres de votre corps, des pieds à la tête, dans l'ordre suivant: les orteils, les pieds, les chevilles, les mollets, les cuisses, les hanches, le ventre, la poitrine, les bras, les poignets, les mains, les doigts, le cou, la tête et enfin tout votre corps. Appréciez la sensation de tout cela et votre façon de vous sentir en général. Ouvrez les yeux.

Ecouter les sons:

Fermez les yeux. Portez votre attention vers les sons qu'il y a autour de vous: dans la musique, dans la nature, à la radio, ou dans une chambre tranquille. Ecoutez le son de la vaisselle qu'on lave, de la circulation dans la rue ou d'un avion qui passe au-dessus de vous.

Se servir de la main subalterne:

Pendant 30 minutes, ou même encore pendant plus longtemps, servez-vous exclusivement de la main gauche si vous êtes naturellement droitier ou vice versa, si vous êtes gaucher. Faites, aussi bien que possible avec votre main maladroite, absolument tout ce que vous feriez ordinairement. Observez alors vos sensations et votre patience, ou encore votre impatience. Comment vous sentez-vous maintenant que cette expérience est terminée?

Boire un verre d'eau:

Prenez un verre dans votre main. Examinez-le. Soupesez-le. Considérez sa forme, sa couleur. Ouvrez le robinet et laissez couler l'eau. Ecoutez-la couler. Ecoutez et regardez le verre alors qu'il se remplit de l'eau qui sort du robinet que vous venez d'ouvrir. Observez l'eau dans le verre et les reflets de lumière qui s'y trouvent. Regardez à travers le verre et l'eau les différentes parties de la pièce dans laquelle vous êtes. Fermez les yeux et buvez lentement l'eau du verre.

Regarder d'un seul œil:

Faites vos activités coutumières un seul œil ouvert. Vous pouvez vous boucher l'autre œil avec un couvre-œil. Restez ainsi de 5 à 30 minutes. Ensuite, changez d'œil.

Un repas sans parler:

Mangez avec une ou plusieurs personnes sans parler. Ecoutez les sons, sentez, goûtez, touchez, voyez, ressentez. Mangez certains mets les yeux fermés.

Variations:

1) Mangez certains mets ou tous les mets avec les mains seulement.
2) Servez un seul mets, comme, par exemple, de la crème glacée ou du yogourt, et mangez-le sans vous servir de couverts ni des mains.

L'art de sentir:

Sans effort excessif, concentrez-vous 3 à 5 minutes sur le sens de l'odorat. Cela peut se faire dans votre environnement habituel, ou en faisant une promenade à l'extérieur avec un ami, dans la cuisine, une chambre froide ou au restaurant.

Une nouvelle chambre bien familière:

Rendez-vous dans une chambre qui vous est très familière. Regardez tous les objets qui s'y trouvent en les détaillant l'un après l'autre. Regardez sans vous forcer. Ensuite, jetez un coup d'œil général sur toute la pièce. Puis examinez-la de divers points de vue.

Une douche sans rien voir:

Entrez dans la douche et fermez les yeux. Enduisez vos cheveux de shampooing et faites bien mousser. Savonnez-vous aussi complètement que vous le pouvez. Rincez complètement vos cheveux et votre corps. Essuyez-vous complètement avant d'ouvrir de nouveau les yeux.

Expérience avec une pierre:

Trouvez une pierre de la grosseur de votre poignet. Asseyez-vous seul dans un endroit tranquille. Tenez la pierre dans votre main. Observez-en la forme, la couleur, ainsi que les stries et les échancrures qui s'y trouvent. Soupesez-la pour en évaluer le poids. Faites-la sauter de bas en haut dans votre main. Retournez-la et regardez-en le dessous. Palpez-en la surface. Serrez-la et sentez comme elle est dure. Fermez les yeux et frottez-la délicatement sur votre visage. Essayez de vous représenter sa température ainsi que sa texture. Placez délicatement la pierre sur une de vos paupières. Laissez-la là pendant environ 30 secondes.

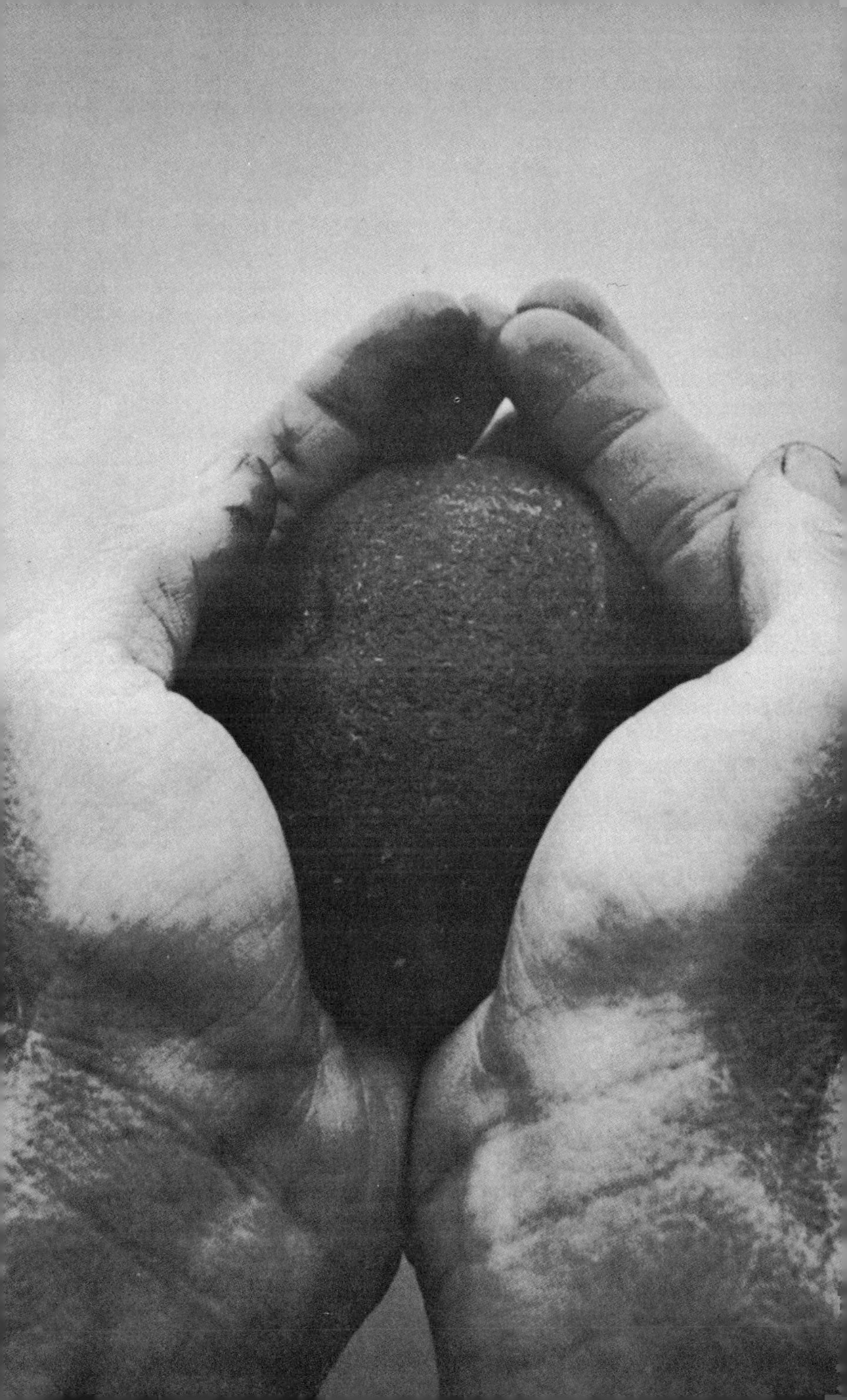

Ensuite, retirez-la. Prenez maintenant conscience de la sensation que vous avez dans l'œil sur lequel vous venez de placer cette pierre. Couvrez l'autre paupière avec la pierre de la même façon. Encore une fois, cela devra durer 30 secondes. Retirez la pierre. Placez vos lèvres sur la pierre. Posez ensuite la pierre sur la figure à n'importe quel endroit où vous sentirez possible de la déposer. Laissez-la là de 30 secondes à une minute. Placez-la ensuite sur votre tête pendant une minute. Enlevez la pierre de dessus votre tête et voyez comment vous vous sentez à la suite de cette expérience. Ouvrez les yeux et observez de nouveau attentivement la pierre dans tous ses détails.

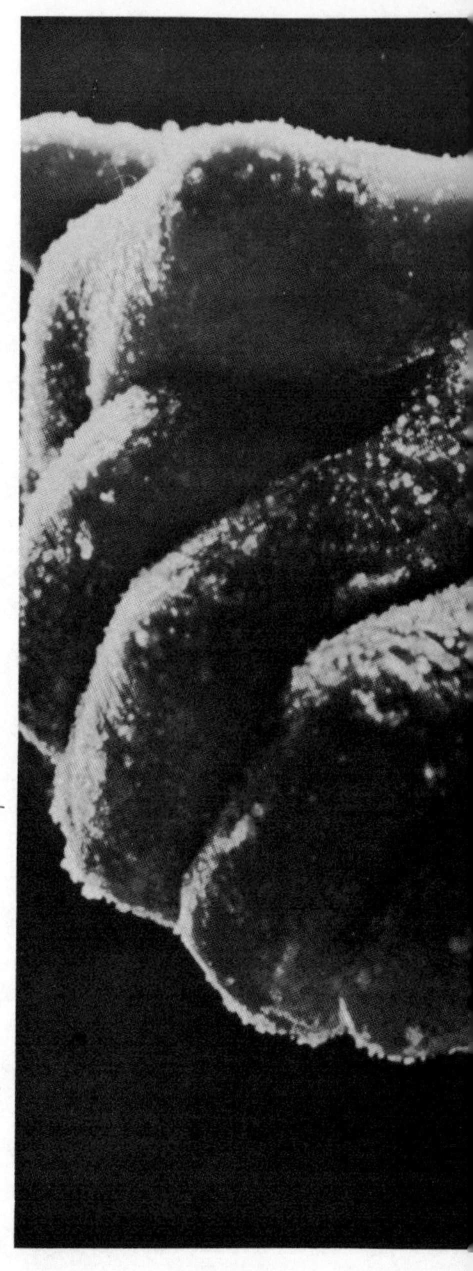

Se laver les mains avec du sel:

Fermez les yeux et lavez-vous les mains. Appliquez du sel de table ordinaire sur le dessus et le dessous des mains. Frottez chacun des doigts avec le sel en question. Rincez-vous ensuite les doigts et réalisez la sensation que cela a pu produire. Après vous être essuyé les mains, mettez de la crème pour les mains ou de l'huile sur vos mains. Voyez l'effet que cela vient maintenant de produire.

Observer son souffle:

Fermez les yeux pendant trois minutes. Pendant ce temps, portez toute votre attention sur votre respiration, en évitant bien d'y changer quoi que ce soit. Ensuite essayez, en gardant les yeux fermés, de déterminer son origine. Prenez conscience de l'air qui entre dans vos narines et qui en sort. Arrêtez-vous à considérer en détail le phénomène entier de la respiration: l'inspiration, la pause, l'expiration, la pause. Essayez de vous représenter la température de l'air que vous respirez. Considérez attentivement comment votre rythme respiratoire se régularise de lui-même. Prenez conscience de votre bien-être. Ouvrez les yeux.

Se promener pour aiguiser les sens:

Faites une promenade, soit dans un endroit familier, soit dans un endroit tout nouveau ou encore bien spécial. Concentrez-vous pendant trois minutes sur les sons qui sont tout autour de vous tandis que vous marchez. Pendant trois minutes, prenez conscience de l'odeur qui se dégage de ce qui vous entoure. Durant trois minutes, touchez à tout ce à quoi vous pouvez toucher autour de vous. Pendant les trois minutes qui suivent, regardez tout ce qui vous entoure comme si vous voyiez tout cela pour la première fois. Maintenant, asseyez-vous et fermez les yeux. Passez les trois minutes qui suivent en goûtant quelque chose. Par exemple, vous pouvez fumer une cigarette, mâcher de la gomme, manger un bonbon, un fruit ou quelque chose que vous aimez vraiment. Complétez votre promenade en gardant vos sens éveillés pour jouir de toutes les possibilités de sensation de ce qui vous entoure. Expérimentez avec tout ce qui se présente à vous et qui pourrait exciter l'un ou l'autre de vos sens. Voyez si vous pouvez fusionner toutes ces sensations afin de créer une expérience qui soit aussi totale que possible.

Chapitre 8

LE TOUCHER

Entre l'abandon et l'inhibition, il y a la permission. Permettre c'est se laisser aller, se laisser libérer, tracer une ligne. On doit pouvoir permettre sans pour cela devenir tolérant. La permission doit s'accorder pour donner la chance de bouger, d'agir ou bien de rester inactif devant l'expérience et devant la situation qui se présente à soi. Cet éveil doit être spontané. Il doit vraiment représenter ce qui est ressenti. Ce doit être une prise de conscience de ce qui se passe à l'intérieur de soi sans interférence d'aucune sorte. On doit pouvoir vivre une expérience et non pas simplement l'observer. Etre conscient, c'est avancer; c'est permettre aux situations d'arriver sans les faire arriver. C'est être là, être conscient. Le toucher représente un des moyens essentiels de communication de vos muscles, de vos nerfs, de votre être.

Les mamans touchent instinctivement leurs enfants, afin de les réconforter. Elles les tiennent tout près d'elles afin de les rassurer, et de les relaxer. Lorsqu'on se fait serrer, on se sent enveloppé. Lorsqu'on se fait toucher, on sent le contact humain qui se fait. Lorsqu'on nous touche pour exprimer un sentiment, on se sent objet d'attentions, de sollicitude.

Certaines personnes sont susceptibles, hypersensibles et n'aiment pas se laisser toucher. D'autres ne demanderaient pas mieux que de se laisser toucher. Il est difficile à certaines personnes de se laisser toucher. Cela remonte en général à leur jeune âge et à la façon dont elles ont été élevées. On ne s'en est probablement pas assez occupé alors.

Les bébés se laissent toucher volontiers, ils aiment eux-mêmes à toucher. Le fait d'être touché, c'est être rejoint, ressentir et se faire sentir aux autres. Notre culture nous a enseigné à éviter d'être touchés et de toucher nous-mêmes. Elle nous prive ainsi du plaisir intense que cela peut causer. Les enfants et les adultes d'autres pays et d'autres cultures montrent souvent plus d'affection et de vivacité que les nôtres. On leur a permis de développer ce sens du toucher et ils ont appris à s'en servir. Chez eux, les hommes s'en vont dans la rue en se tenant par la main, ou par le bras parce qu'ils se sentent proches les uns des autres. La culture américaine considère cela, malheureusement bien à tort, comme une preuve d'homosexualité. Dans le temps des anciennes civilisations les gens se serraient l'avant-bras ou s'embrassaient. Ils obtenaient ainsi un contact intime les uns avec les autres et partageaient avec leur partenaire l'énergie de leur vie en établissant ce lien. Aujourd'hui on se serre la main à longueur de bras, ou bien on embrasse des épaules et de la figure la personne rencontrée, mais on évite tout contact réel.

Le toucher et le plaisir peuvent être sensuels sans nécessairement être sexuels. Beaucoup de communication, de sollicitude, d'ouverture de cœur, de proximité et de satisfaction peuvent découler d'une telle interaction sensorielle.

D'habitude, il n'y a que dans les milieux familiaux qu'on s'embrasse et se caresse, ou encore lorsqu'on fait la cour à quelqu'un. On apprend à ne pas s'exprimer, à être réservé, à être froid. Dans un de ses voyages en Europe, Sidney Jourard s'est arrêté à compter le nombre de fois que les différents amis qui se rencontraient dans la rue pouvaient avoir des contacts physiques les uns avec les autres. La moyenne était de près de cent fois en une heure. A son retour dans le Mid-West américain, où il demeurait, il reprit la même expérience afin d'établir une comparaison. La moyenne était alors de trois fois par heure seulement. Est-il surprenant que tant d'Américains soient si esseulés.

Le contact physique peut quelquefois agir comme remède. Il peut rassurer, il peut inspirer le désir ou la bonne volonté, il peut vous mettre en paix et vous aider à vous décontracter. Il peut vous donner le sens du partage, de la compréhension, de l'aisance, du plaisir ou de la colère. Le toucher a de tout temps été considéré comme une méthode très efficace pour guérir ou soigner. L'énergie qui passe dans vos mains, peut rafraîchir, régénérer, revivifier. L'imposition des mains peut créer chez l'individu de grands changements physiques et psychologiques. Dans les mains de celui qui comprend cet aspect du toucher, cela peut devenir parfois un moyen tout aussi efficace que la médication ou même, dans certains cas, que la chirurgie.

Le toucher sensoriel doit être à la fois ferme et délicat. Il doit indiquer que l'on veut donner. Lorsque quelqu'un vous tend la main cela crée chez vous de la confiance, qui doit se rapporter à la situation qui se présente à vous et à la personne. Cela aide à créer une sensation réelle plutôt qu'une action machinale.

Chaque personne possède son propre toucher, tout comme sa propre voix et sa personnalité individuelle. Certaines personnes sont des accapareurs, des fonceurs, des violents. Ceux qui les rencontrent se sentant mal à l'aise, les évitent, et les touchent le moins possible. Lorsqu'ils le font ou qu'ils doivent le faire, alors c'est délicatement, la main moite et en transpirant. D'autres personnes sont tout simplement mortes lorsqu'il s'agit de se servir de leurs mains. Elles n'ont pas de sensation et n'en donnent pas. On dirait que leurs mains sont débranchées de leurs épaules. Les muscles de leurs bras sont d'habitude tellement tendus qu'ils empêchent la sensation de passer.

A force de patience et de discernement, on peut acquérir de l'aisance dans ses contacts avec les autres.
Prenez conscience de ce que sont vos attitudes, de la façon dont vous touchez, de ce que sont vos sensations.
Graduellement, si vous le désirez, vous pourrez améliorer ces réactions et vous pourrez savourer ce que c'est que de toucher non seulement les autres, mais aussi le plancher sur lequel vous vous tenez debout, de vous toucher vous-même, toucher du papier, de la nourriture, des arbres, des animaux, des fleurs et par le fait même prendre un contact réel avec la vie.

Chapitre 9

JEUX INTIMES

Les jeux qui suivent ont été créés pour les couples qui viennent de se connaître, ou pour les autres couples qui entrevoient la nécessité d'apprendre à se connaître ou pour ceux qui voudraient se mieux connaître. Ils serviront aux partenaires qui tiennent à devenir plus familiers les uns avec les autres, à ceux qui désirent progresser, explorer, faire participer les autres à cette vie sensorielle qui peut être sans limite.

Ces expériences pourront même, dans certains cas, créer chez ceux qui les font un éveil sexuel. Cela n'est certes pas l'objet unique ou essentiel de ces expériences, mais ça peut quelquefois en être un résultat. On doit essayer de ressentir l'impulsion que ces expériences produisent plutôt que de les étiqueter.

Les sensations qui se produisent

A cause des associations d'idées qui ont été créées par l'expérience passée, cette sensation du toucher est, souvent à tort, mal classée et placée dans la catégorie des sensations sexuelles. Il y a une très grande différence entre la sensualité et la sexualité. La sensualité est l'appréciation et le plaisir qu'on retrouve dans la lumière, la texture, la couleur, le son, le goût. C'est l'expression même des sens. La sexualité ne représente qu'une toute petite mais importante partie de la vie sensuelle.
Une des difficultés de la sexualité, c'est qu'elle se réalise entre deux être qui viennent de se connaître ou bien qui pensent qu'ils savent tout l'un de l'autre. L'acte sexuel, la plupart du temps, se fait en dernier de tout, le soir, alors que l'une ou l'autre ou probablement les deux personnes impliquées sont fatiguées. L'orgasme ajoute à cette fatigue et crée la plupart du temps une augmentation de stress, puisque la fatigue écourte l'acte, ainsi que la préparation et les caresses normales qui doivent suivre cet acte.

En faisant ces expériences, rappelez-vous que l'amour est le soin que l'on prend des autres ou d'une autre personne et qu'il demande beaucoup d'attention.

Se parler de dos:

Prélude à l'expérience:
« Claquage du dos et toucher ».

Après s'être claqué mutuellement le dos, les partenaires se placent dos à dos et ferment les yeux. Ils se mettent à bouger leur dos l'un sur l'autre afin de se faire connaître mutuellement le dos. Ayez une conversation de mouvement avec votre dos. Par exemple, une personne frotte son dos sur celui de l'autre tandis que celle-ci écoute ce qu'essaye de lui dire son partenaire. Ensuite elle lui répond de la même façon. Ayez maintenant une discussion. Ravivez un conflit. Disputez-vous. Ensuite, réconciliez-vous. Soyez très gentils et sachez jouer le jeu. Frottez-vous le dos de bas en haut à différentes allures.
Par exemple, tenez-vous dans cette position sans bouger pendant quelques instants. Ensuite, séparez-vous. Portez votre attention sur la façon dont vous sentez maintenant votre dos. Retournez-vous, ouvrez les yeux et regardez votre partenaire.

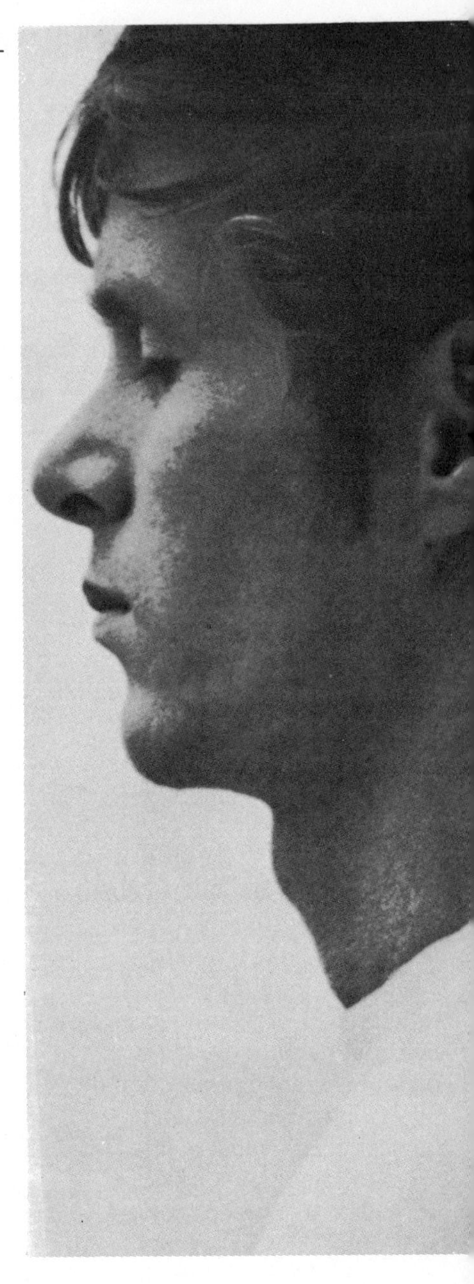

Toucher

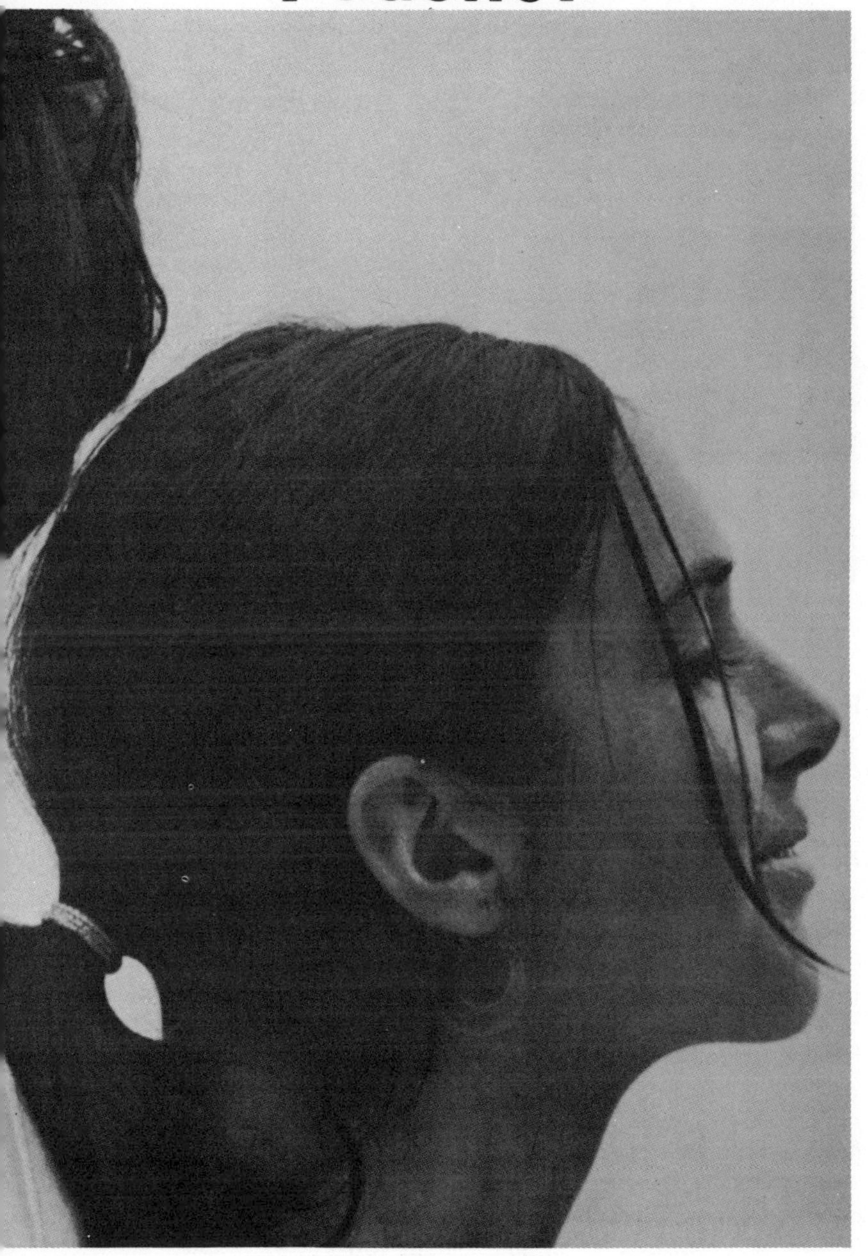

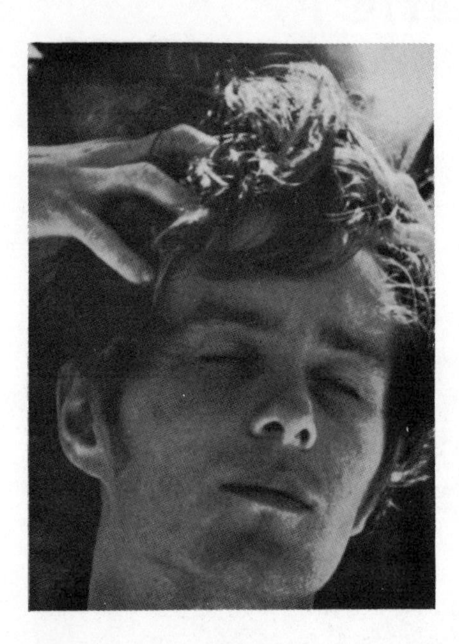

L'exploration de la tête:

Prélude à l'expérience:
« Tapotement et claquage de la tête ».

Demandez à votre partenaire de se fermer les yeux. Tenez-vous debout derrière lui. Fermez les yeux et commencez à explorer toute la surface de sa tête. Explorez d'abord la tête, ensuite les cheveux, l'arrière du cou et puis les oreilles. Faites des mouvements courts des doigts, presque des caresses. Prenez votre temps. Découvrez petit à petit tout ce que la surface de la tête peut représenter comme forme et comme sensation au toucher. Maintenant, ouvrez les yeux et continuez à faire cette exploration les yeux ouverts. Portez votre attention aux cheveux: leur couleur, leur texture. Laissez maintenant les mains se déplacer aisément et délicatement sur toute la surface de la tête. Faites-les danser, faites-les jouer sur sa tête. Lorsque vous vous éloignez lentement de votre partenaire, laissez-le se concentrer sur ce que vous venez de lui faire et sur la sensation que cela a pu lui apporter. Changez maintenant de place avec lui et faites-vous faire la même chose sur votre tête.

danser

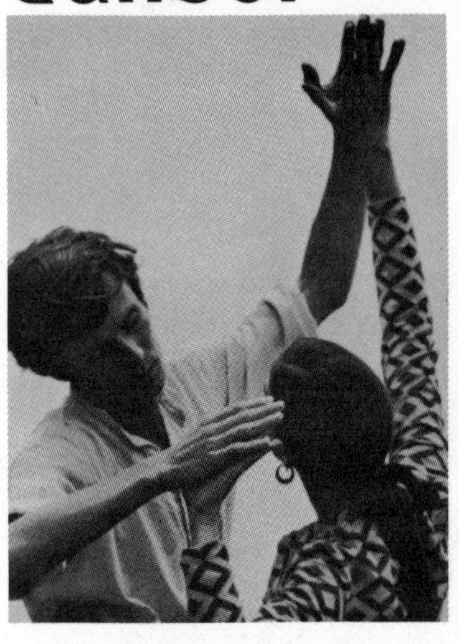

La danse des paumes:

Prélude à l'expérience:
« Claquage du bras et de l'épaule ».

Tenez-vous debout devant votre partenaire, en faisant se toucher vos paumes des mains ainsi que vos coudes. Les paumes des mains devront rester en contact les unes avec les autres, tout au long de cette expérience. Les yeux devront rester bien fermés eux aussi. En gardant vos paumes ainsi en contact, ayez une conversation non verbale en bougeant les mains à l'unisson. Pour commencer, l'un des partenaires donne la première phrase et en même temps dirige la danse. Il doit faire ceci jusqu'à ce que tout semble arriver sans effort. L'autre répondra à son tour en suivant le même manège. Maintenant, ayez une discussion en vous exprimant de la même façon. Réconciliez-vous graduellement et gentiment l'un avec l'autre. Ensuite, laissez-vous aller à danser seulement pour vous amuser et pour rire en faisant les gestes qui vous viennent à l'esprit, sans retenue. Dansez maintenant comme si vous étiez très amoureux l'un de l'autre. Accélérez votre rythme de danse et ralentissez comme il vous plaira de le faire. Accroissez ensuite l'envergure de vos gestes afin d'augmenter

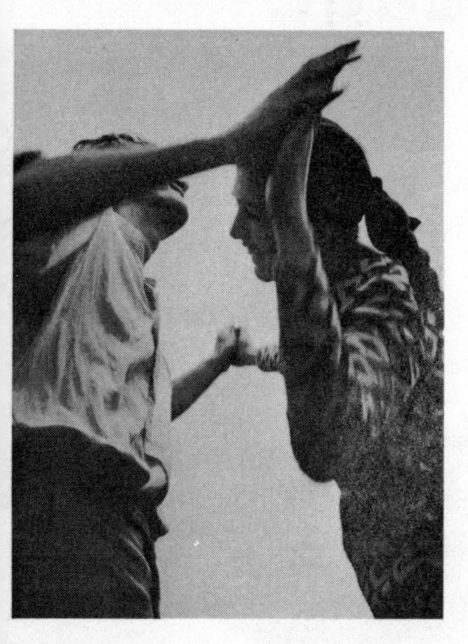

l'ampleur de votre danse. Laissez vos mouvements s'éteindre graduellement. Après avoir cessé de bouger, restez dans cette position, paumes sur paumes, pendant 30 secondes. Maintenant, un des partenaires recule un pied vers l'arrière et ensuite l'autre de façon à être penchée vers l'avant en s'appuyant sur les paumes de vers l'avant. Il laisse alors son partenaire supporter son poids avec la paume de ses mains. Trente secondes plus tard, c'est l'autre qui prend cette position penchée vers l'avant en s'appuyant sur les paumes de l'autre. Les deux demeurent dans cette posture 30 secondes et, sans avoir bougé, ils ouvrent les yeux et se regardent. Après une autre période de 30 secondes, ils ferment les yeux à nouveau, se redressent lentement, se séparent et déterminent comment ils se sentent et ce qu'ils ressentent l'un et l'autre. Il est même opportun de discuter de la chose avec son partenaire.

Claquage

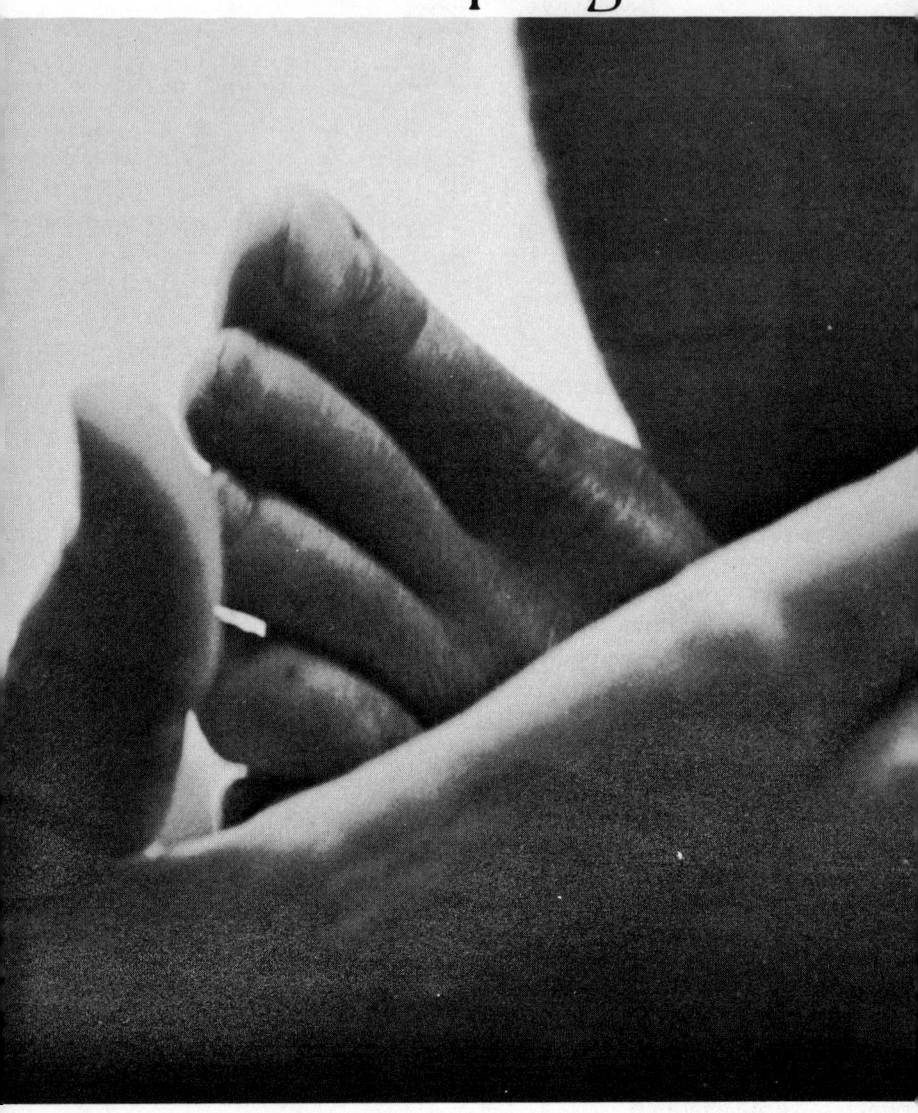

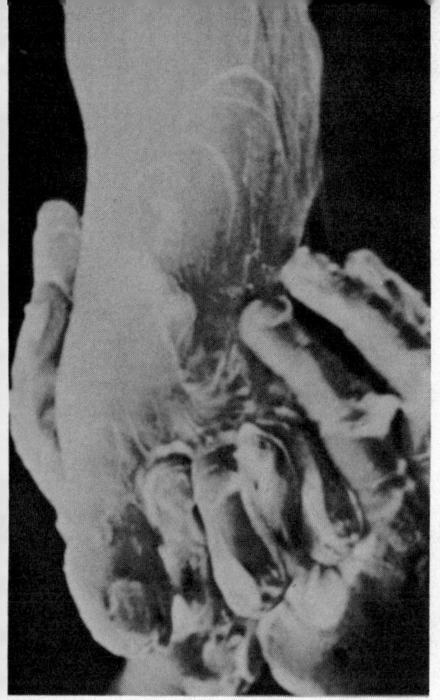

Lavage des pieds:

Prélude à l'expérience:
« Claquage et exploration
des pieds ».

Remplissez un bassin d'eau
tiède et, constamment pénétré
de ce que vous faites,
lavez le pied de votre partenaire.

A certains moments, l'un ou
l'autre des partenaires ferme
les yeux. Après avoir bien lavé
le pied, appliquez du sel de
table mouillé sur toute la
surface du pied et frottez,
particulièrement là où la peau
est inactive ou semble morte.
Rincez et palpez le pied.
Essuyez-le bien maintenant et
appliquez de l'huile sur toute la
surface en prenant soin de la
faire bien pénétrer. Lorsque
vous aurez répété l'expérience
sur les deux pieds, celui qui
vient de se faire laver les pieds
se lève, fait quelques pas et
détermine comment il se sent
à la suite de cette expérience.
Les partenaires doivent ensuite
changer de place et
recommencer l'expérience.

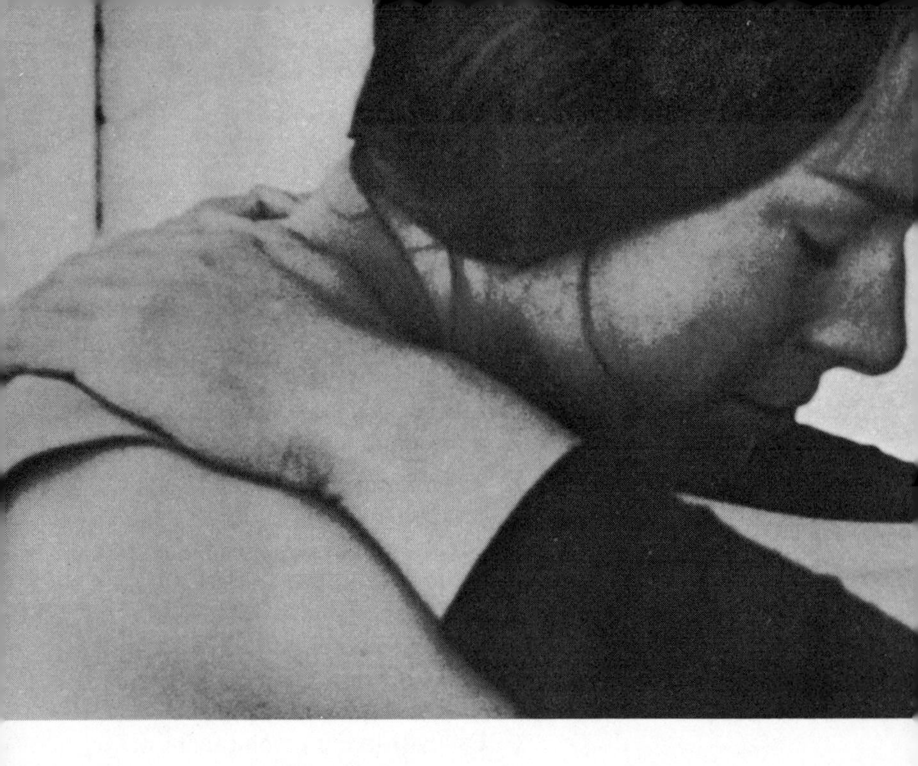

Toucher:

La danse des bras et des épaules:

Prélude à l'expérience: « Claquage des épaules et des bras ».

Asseyez-vous par terre l'un en face de l'autre, les genoux se touchant les uns les autres. Fermez les yeux et prenez-vous les mains. Faites l'exploration détaillée de vos mains sur toute leur surface, sur le dos de la main aussi bien que sur la paume. Apprenez à vous connaître les mains. Ressentez et prenez conscience de ce que vous faites. Soyez attentifs. Maintenant continuez cette exploration en allant aux poignets. Faites connaissance avec eux. Explorez l'avant-bras et le coude. Essayez de découvrir les sensations qu'il est possible d'atteindre dans ces régions. Explorez ensuite le haut du bras et, enfin, les épaules en allant jusqu'à l'arrière de celles-ci. Essayez

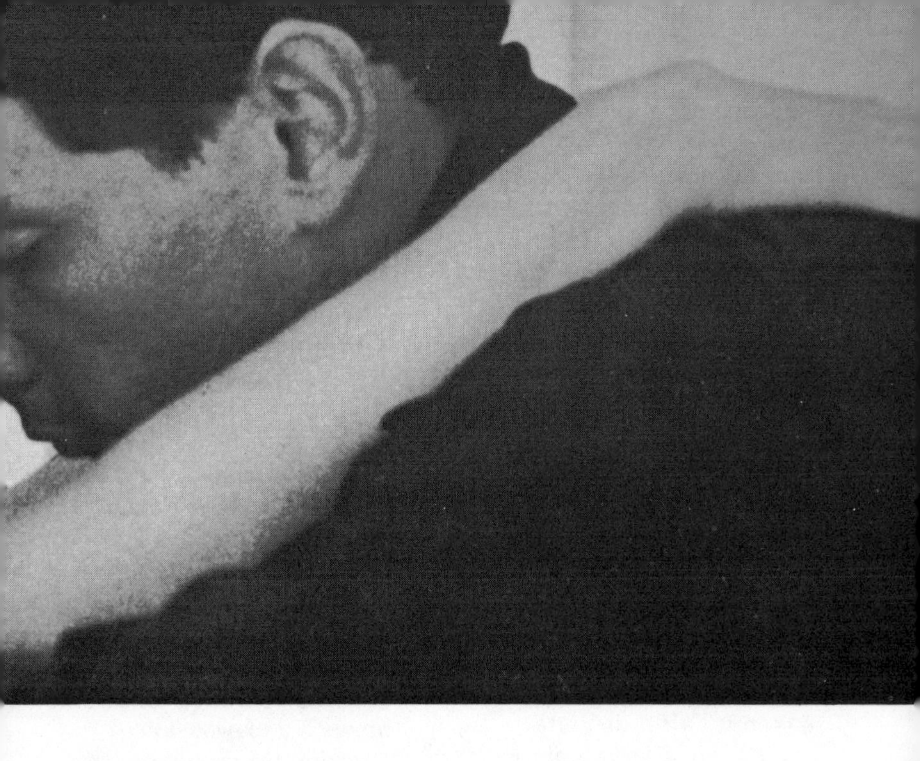

différents mouvements, différentes pressions de la main, des doigts et des ongles. Arrêtez-vous au moins trois minutes sur chaque endroit, en gardant toujours les yeux fermés pendant toute l'expérience. Puis retournez aux mains et tenez-les les unes dans les autres pendant quelques moments. Ouvrez lentement les yeux et regardez-vous l'un l'autre. Faites savoir à votre partenaire de façon non verbale ce que vous ressentez à son égard à la suite de cette expérience.

Claquage des pieds:

Placez-vous dans une position où il vous sera aisé de claquer les pieds de votre partenaire. Par exemple, vous pouvez vous asseoir par terre. Claquez le dessus et la plante du pied avec les deux mains en même temps. Claquez maintenant les côtés du pied. Avec une seule main, claquez le talon et la plante du pied. Claquez ensuite toute la surface du pied avec les deux mains. Ralentissez graduellement et doucement votre claquage, puis cessez. Enlevez vos mains de dessus le pied. Laissez votre partenaire ressentir l'effet de cette expérience. Claquez alors l'autre pied exactement de la même façon. Changez de place avec lui.

Conversation avec les pieds:

Prélude à l'expérience: « Claquage des pieds ».

Les deux partenaires ferment les yeux et s'étendent le dos par terre et s'appuient sur les coudes. Ils replient les genoux et les font se rejoindre les uns sur les autres, alors que les pieds ne touchent plus le sol. Portez votre attention sur ce toucher des pieds et sur l'effet qu'il produit. Développez une conversation non verbale en vous exprimant par les pieds. Un des partenaires signale quelque chose en bougeant les pieds, pendant que l'autre l'écoute. Ensuite, le premier s'arrête et l'autre lui répond de la même façon. Après une minute, ayez une discussion en vous exprimant par les pieds. Ensuite, réconciliez-vous graduellement et tranquillement. Soyez très doux dans vos touchers avec les pieds pendant quelques moments. Ensuite, exécutez une danse très joyeuse et très endiablée avec les pieds. Essayez de trouver différents moyens d'expression et d'exploration au moyen des pieds en exécutant cet exercice. Diminuez graduellement votre cadence et vos mouvements. Dirigez votre attention sur le toucher de vos pieds les uns sur les autres.

Faites dire à vos pieds au revoir à ceux de votre partenaire et séparez-vous lentement. Posez vos pieds sur le plancher. Concentrez-vous sur la sensation que cela produit en vous. Ouvrez les yeux.

Toucher

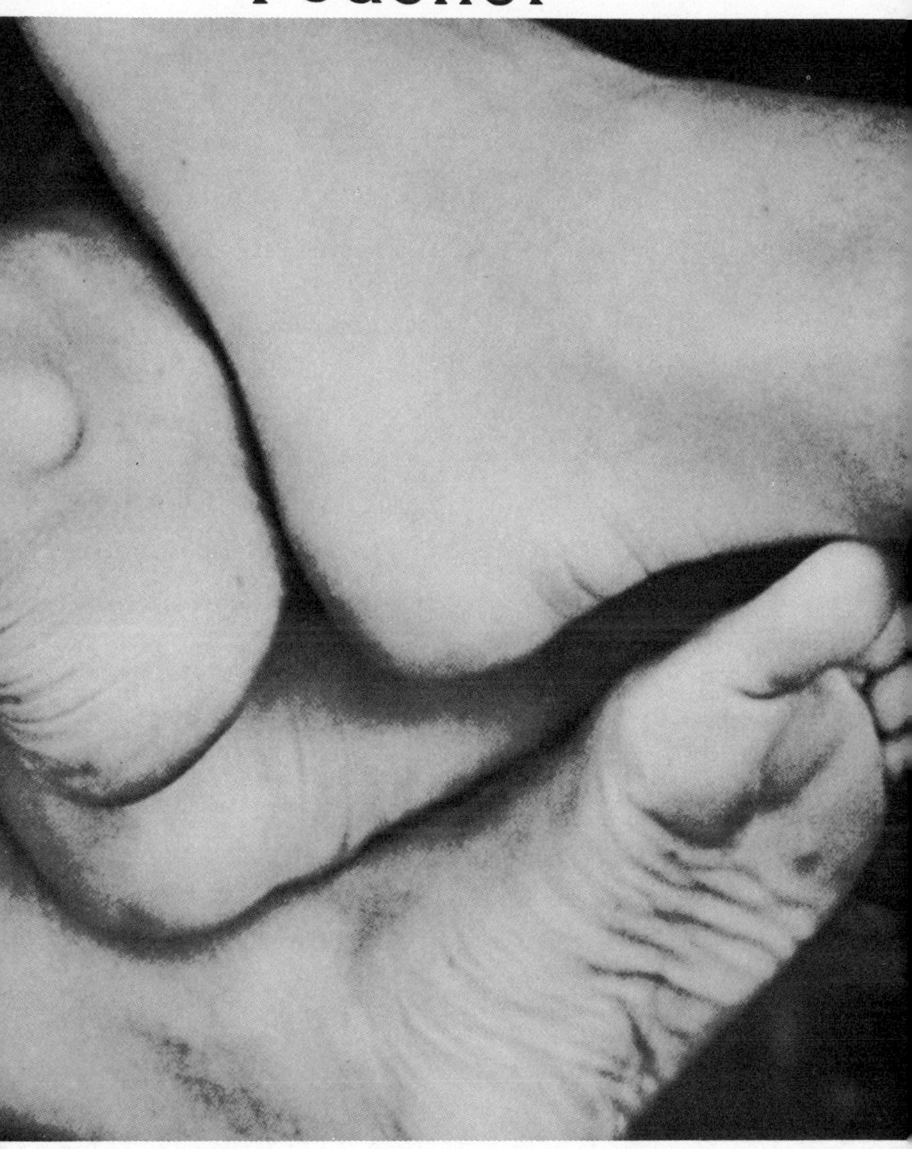

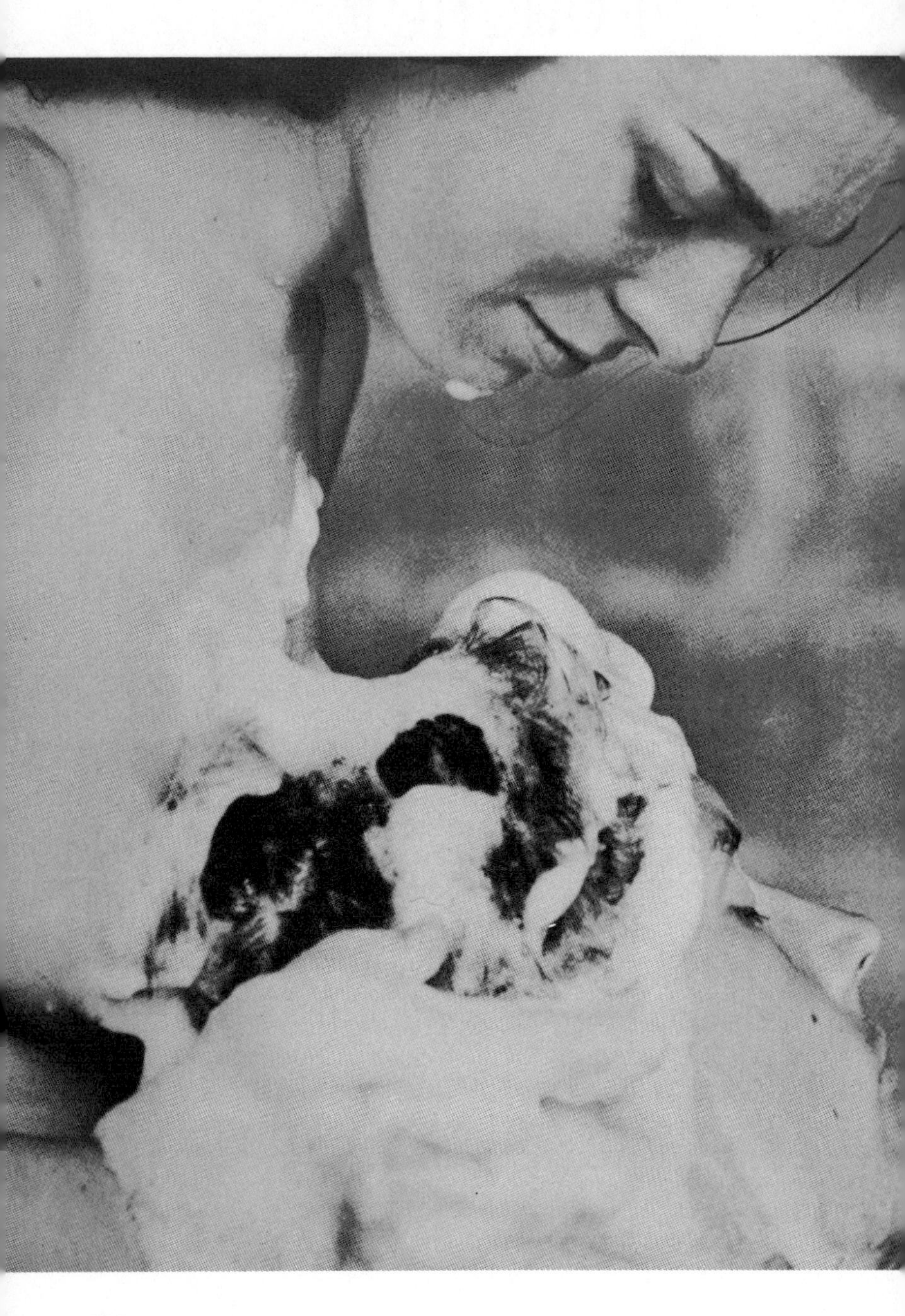

Echanger des shampooings:

Prélude à l'expérience: « Tapotement et claquage de la tête ».

Demandez à votre partenaire de garder les yeux fermés durant toute l'expérience. Donnez-lui un shampooing complet. Avec une cruche ou un vase, versez-lui de l'eau sur la tête. Pendant certains moments, fermez les yeux alors que vous savonnez les cheveux de votre partenaire, que vous palpez la surface de sa tête, que vous en observez la texture et la sensation du toucher, du savon que vous appliquez. Rincez-lui maintenant la tête et séchez-la avec une serviette. Passez vos mains dans ses cheveux, peignez-les, humez-les. Changez de place avec lui et faites-vous faire la même chose.

Claquer et explorer la figure:

Claquez délicatement et tapotez délicatement la figure de votre partenaire. Reculez-vous et laissez-le ressentir l'effet de cette expérience. Fermez les yeux et palpez sa figure en explorant toutes ses formes. Au bout de trois minutes, ouvrez les yeux et continuez cette exploration. Au bout des trois

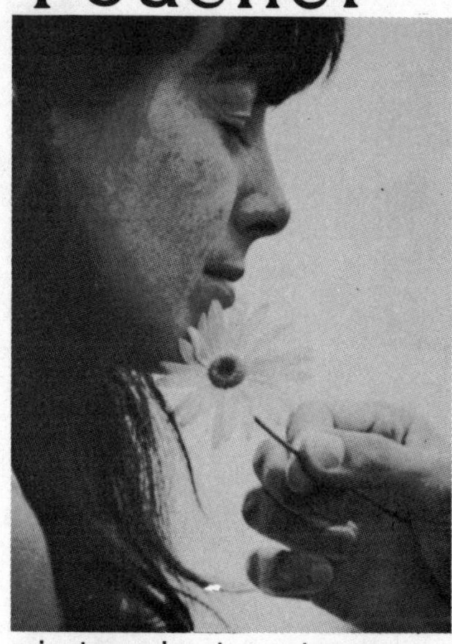

minutes suivantes, retournez aux endroits de sa figure que vous désirez palper plus en détail. Eloignez-vous. Votre partenaire garde les yeux fermés en savourant l'effet de ce que vous venez de faire. Examinez bien sa figure et vous vous rendrez compte des changements que cela a produits chez lui. Votre partenaire ouvre maintenant les yeux. Deux ou trois minutes plus tard on change, et c'est l'expérience réciproque. Et à la fin, figure contre figure on se frotte délicatement.

Variation: Au lieu de vous servir des doigts pour explorer la figure de votre partenaire, vous pouvez employer une fleur.

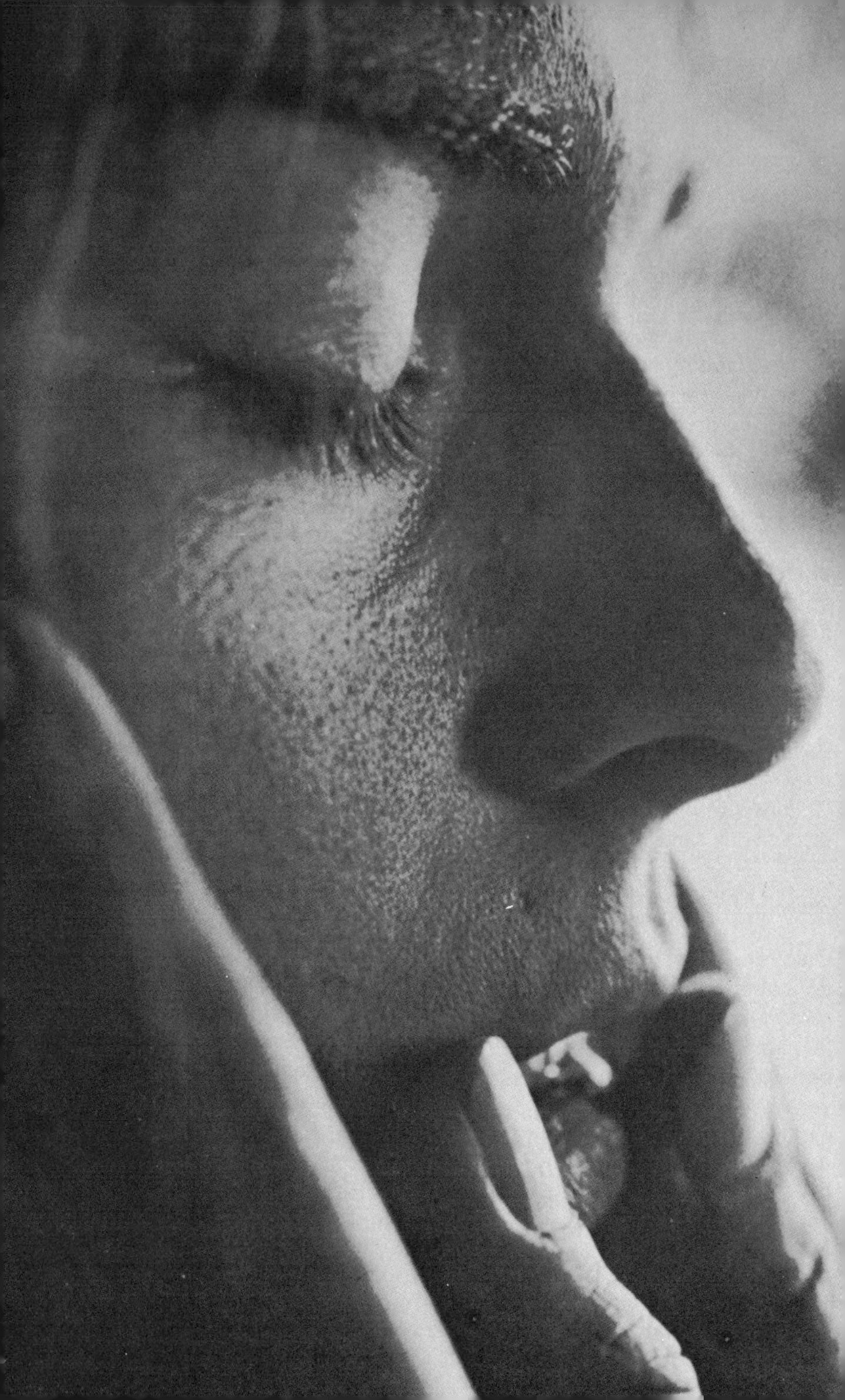

Claquer la tête:

Prélude à l'expérience:
« Tapotage de la tête ».

Tenez-vous debout derrière votre partenaire. Celui qui est devant vous ferme les yeux. Avec les doigts, claquez le dessus de sa tête, l'arrière, les côtés et le front. Restez sur chaque endroit pendant 15 secondes. Si un certain endroit de la tête semble demander d'être travaillé plus qu'un autre, votre partenaire peut vous le faire savoir et vous pourrez alors vous arrêter à cet endroit plus longtemps. Après cela, couvrez toute la région en général sans vous arrêter sur un endroit en particulier. Répétez de façon plus délicate encore une fois sur toute la surface que vous venez de couvrir. Diminuez lentement et graduellement votre mouvement jusqu'à un arrêt complet. Retirez-vous. Laissez de 30 à 45 secondes à votre partenaire pour qu'il apprécie les effets de ce que vous venez de lui faire.

Retournez devant lui et regardez-le en pleine figure. Observez les changements que cela a pu produire dans sa figure et sur sa personne. Changez maintenant de place avec lui et devenez vous-même le sujet.

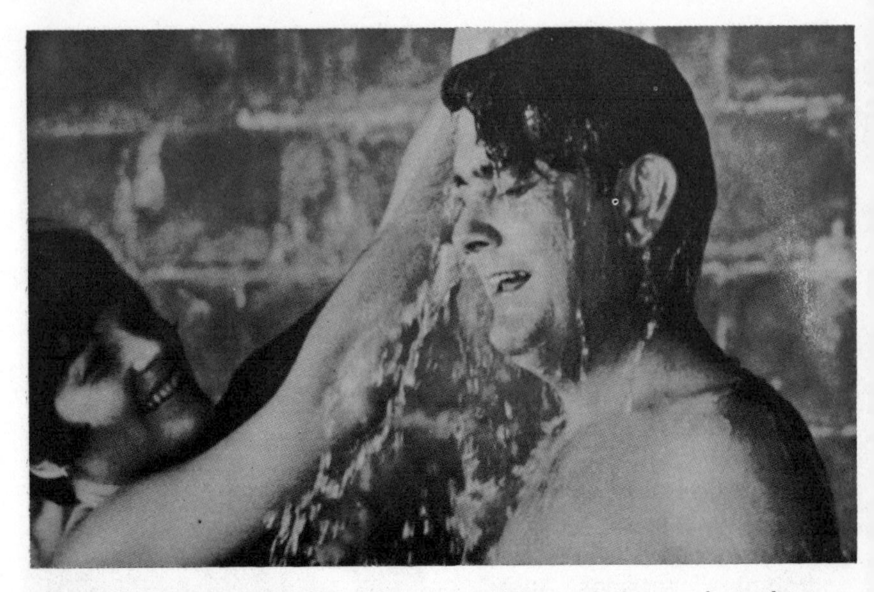

Prendre un bain ensemble:

Prélude à l'expérience:
« Claquage du corps ».

Claquez-vous l'un l'autre sur toute la surface du corps, des pieds jusqu'à la tête. Prenez ensuite une douche ou un bain ensemble. Sans vous dépêcher, lavez-vous chacun à votre tour en ressentant tout ce que vous faites, pendant le savonnage et pendant le rinçage. Rincez-vous à fond et séchez-vous complètement. Si cela est possible, appliquez de l'huile sur le corps de votre partenaire et pour la faire pénétrer, massez-le. Faites-vous faire la même chose.

Variation: Prenez un bain de mousse tous les deux ensemble. Rappelez-vous que l'amour, c'est le soin qu'on prend des autres et que les autres prennent de nous. Préoccupez-vous donc l'un de l'autre avec le plus d'attention possible.

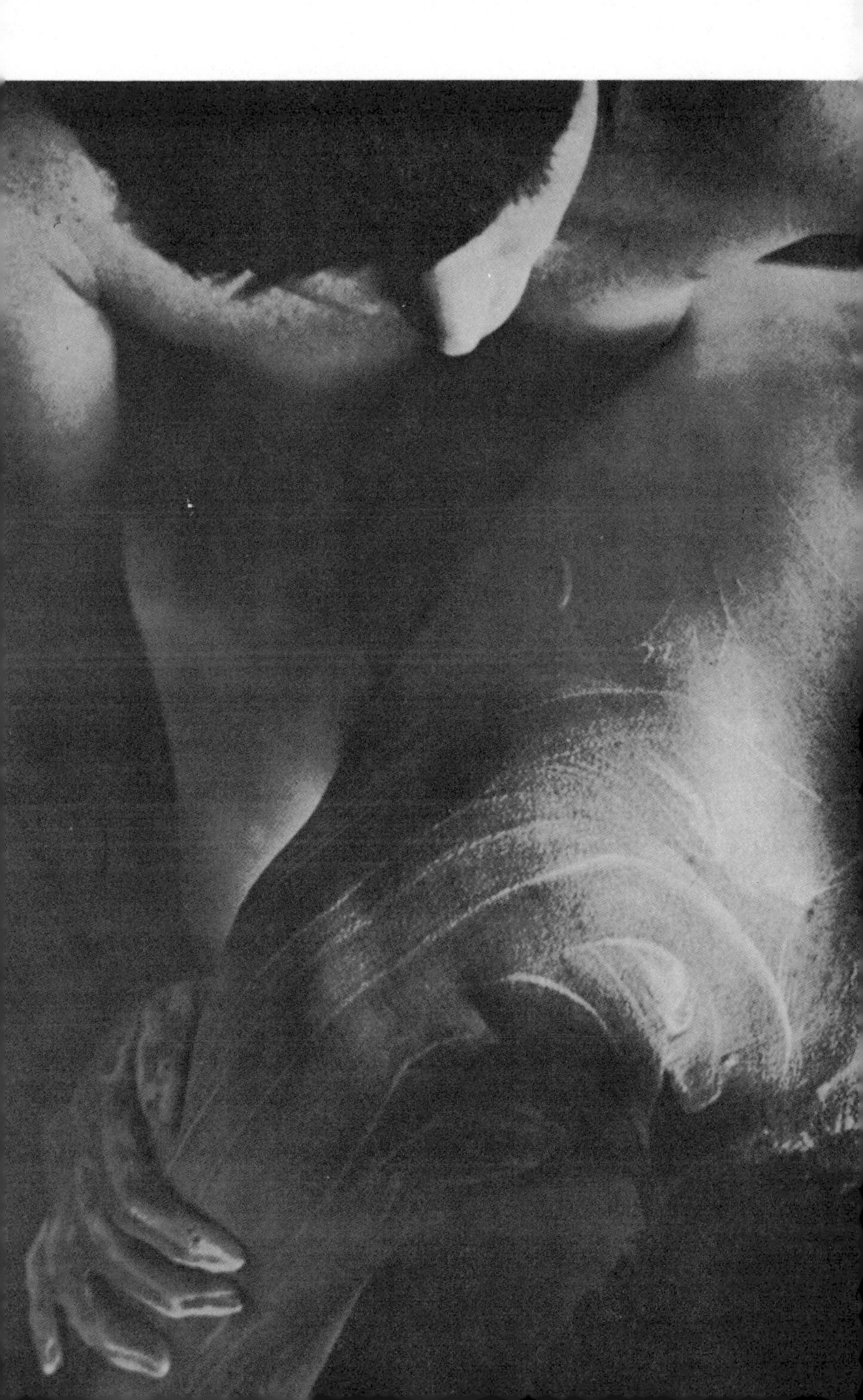

Chapitre 10

APPLICATIONS

L'éveil sensoriel ressemble de plusieurs façons à la vraie méditation. Il ressemble à l'éducation et à la religion en ce sens qu'il peut représenter une partie intégrale de chacun des riches moments de la vie. C'est un procédé qui peut s'exprimer dans chacune de nos activités et dans nos relations avec ceux qui nous entourent. C'est une méthode sensée et ouverte qui peut être employée intelligemment comme auxiliaire pour la thérapie, l'enseignement, la créativité, les loisirs, le travail domestique et même pour la prière.

La méditation, qui est en fait une concentration sans effort, peut être comme de la contemplation lorsqu'elle est dirigée sur soi ou absorbée dans l'action. Comme le fait remarquer le Zen dans ses moyens de libération, la méditation peut être tout ce que l'on fait — manger, marcher, respirer, peindre, aimer.

L'éveil sensoriel, c'est de la méditation active. Celui qui expérimente devient alors lui-même l'expérience. Ces expériences sensorielles, quoique satisfaisantes en elles-mêmes, peuvent être employées comme préparation et comme prélude à la méditation inactive. Quand on a aiguisé ainsi son éveil mental, de façon à être plus éveillé, la méditation inactive devient plus facile, l'esprit et le corps se calment et le pouvoir de concentration profonde devient beaucoup plus grand.

Si l'on applique ces principes sensoriels, et si l'on aiguise ainsi ses sens, le travail domestique peut devenir bien plus qu'un simple travail. Avant de commencer à faire quelque chose, exécutez quelques-unes des expériences qui sont suggérées ici et qui vous aideront à aiguiser vos sens et à vous en servir davantage. Faites celles dont vous considérez avoir besoin plus que d'autres. Ensuite, mettez-vous au travail. Une telle attitude méditative donne une certaine forme à la poussière, chaque travail devient une expérience et non pas simplement une tâche que vous devez accomplir le plus rapidement possible afin de vous en débarrasser.

La prochaine fois que vous laverez la vaisselle, arrêtez-vous aux différentes formes des assiettes et des ustensiles. Prenez conscience de la température, de la texture, du jeu des bulles de savon. Débarrassez-vous de vos appréhensions (je n'aime pas ce que je vais faire — pas ça encore?). Laissez-vous devenir complètement éveillée et participez à ce que vous faites en en profitant pleinement.

Créer, c'est être soi-même, c'est s'exprimer. Ce n'est pas accomplir une tâche forcée, mais bien exprimer ce en quoi vous êtes réellement unique. Chacun de nous possède des qualités uniques et individuelles. La plupart d'entre nous gardent malheureusement bien cachés ces cadeaux de la nature sous la forme d'une personnalité cataloguée, qui bloque cette force créatrice et l'empêche de se manifester.

Les procédés décrits dans ce livre peuvent vous aider à faire sortir de leur cachette ces qualités et ces formes d'expression en vous débloquant.

Nature cachée,
il est maintenant temps
de te faire valoir:
Sors de ta boîte! Saute!

Le loisir peut être actif ou inactif. Il peut consister à faire quelque chose ou à défaire, juste pour le plaisir de la chose. Aujourd'hui l'homme a plus de loisirs que jamais. La facilité apportée par la vie moderne et par le statut acquis par l'âge en est la cause. Le facteur temps est une création de l'homme qui a été emprunté à l'infini et qu'on lui impose. Lorsqu'on existe intensément et sensiblement avec pleine participation de tous les moments, on peut faire disparaître ce facteur temps. Trop souvent, on perd son temps, on tue le temps, on passe le temps. Placez-vous dans un temps de relaxation d'aujourd'hui. Contemplez ce qui se passe à chaque moment d'une activité donnée et donnez-vous ainsi du temps.

La psychothérapie s'est trop éloignée de sa tâche réelle. Elle s'est surtout attachée au passé en l'analysant sous toutes ses formes. Ceci ne donne malheureusement pas l'occasion à celui qui est analysé de participer activement et de se plonger dans le problème. On se rapporte alors à l'expérience du passé, à ce qui est arrivé, à ce qui arrive maintenant et à cette relation du vous avec vous-même. Cela ne sert hélas qu'à créer un éloignement des visions intérieures. Cela nous éloigne d'une cohésion fondamentale qui devrait exister entre le corps et l'esprit.

En recourant à l'éveil sensoriel, vous obtiendrez une assistance directe qui vous permettra d'améliorer la thérapie individuelle, de famille et de groupe. Vous aurez alors trouvé un moyen de faire accorder votre physique avec le diagnostic, la personnalité, la résistance, l'anxiété et la dépression. Vous vivrez alors de nombreuses occasions qui vous donneront de la confiance, un appui moral, de l'affection, de la haine au besoin, vous permettant ainsi d'améliorer vos relations avec les autres, d'en prendre soin et de toucher les autres et aux autres. En fin de compte, il s'agit donc bien d'une méthode qui est faite pour aider le monde à se garder en contact avec la réalité.

L'éducation devrait idéalement être une exploration active et intéressée de l'habileté, de l'étude, des connaissances et de la façon de faire les choses. Une éducation trop formelle mène quelquefois à une mémorisation alourdissante, passive et compartimentée, en fait, à un endoctrinement.

L'initiation à l'entraînement des sens devrait combler ces lacunes en vous apprenant à vous asseoir convenablement, en vous faisant tenir debout sans contrainte, en vous permettant de vous déplacer à l'aise. L'art de relaxer son corps aide à s'ouvrir l'esprit, à s'instruire sans devoir se forcer indûment, à étudier sans être sous pression excessive. Elle permet aussi de développer une relation psychophysiologique qui soit plus complète et plus riche.

On peut enseigner l'art et l'anatomie par la relation du palpé et par l'identification. Par exemple, lorsqu'on prépare la nourriture et que l'on digère ce que l'on vient de manger, on fait de la chimie. Parmi les nouvelles langues, on pourrait apprendre celle qui est employée par le corps pour communiquer avec nous. L'art d'écouter de la musique pourrait bien devenir la participation de tout l'organisme. La géologie pourrait développer chez l'individu le sentiment de la terre, la sensation de la gravité et de la relation avec la terre. On pourrait employer des méthodes supplémentaires non-verbales qui pourraient aider à augmenter et à développer ce que les écoles enseignent à tous les points de vue.

Maslow affirme que la religion est un essai de la part des gens qui ont connu des expériences extraordinaires de partager ces expériences avec ceux qui ne sont pas curieux de les vivre.

Le culte religieux est un contact avec les racines de l'être et avec le mystère de l'unité de la vie. C'est une partie qui n'est pas à part de l'existence. Lorsqu'on verse du vin on ne doit pas nécessairement dire que c'est du sang de quelqu'un que l'on verse. Il est divin dans sa substance même. Remplissez votre verre, sentez son poids, sa saveur, son goût, passez-en à votre ami et constatez chez lui les mêmes réactions merveilleuses que les vôtres.

Lorsqu'on rompt le pain, pourquoi dire que c'est la chair de quelqu'un que l'on rompt? C'est un miracle qui se produit là devant nos yeux, nos oreilles, notre nez, notre bouche. Oubliez les abstractions et mâchez. Faites une vraie communion avec ce qui est vraiment réel.

Le lavage des pieds, l'imposition des mains, la relaxation et les autres expériences sensorielles que nous décrivons dans ce livre, peuvent contribuer à rendre de nouveau populaires le rite et la religion, à les ramener à la vie en nous rapprochant d'eux.

Chapitre 11

JEUX DE GROUPES

Claquage:

Ces expériences en groupe peuvent être faites, soit par des couples, soit par des petits groupes ou par des groupes plus nombreux. Ils vous permettent de développer votre identité et votre individualité. Ils créeront un lien qui vous aidera à vous identifier les uns avec les autres, à vous revigorer et à provoquer de la joie chez vous et chez les autres.

Secouage:

Prélude à l'expérience:
« Claquage des épaules ».

Le groupe se promène, les participants s'entrecroisent les uns avec les autres. Chaque fois que vous rencontrez quelqu'un, prenez-lui la main, comme pour lui donner une poignée de main et secouez-la. Faites ceci avec les deux mains. Au tour suivant, saisissez les épaules de celui que vous rencontrez et secouez-les. Au tour suivant, vous vous secouez mutuellement les épaules.

Au prochain tour, secouez-vous mutuellement de la même façon, les hanches, les jambes, la tête et le nez. Secouez pendant 15 à 30 secondes chaque région contactée. Après cela, tous s'arrêtent, ferment les yeux et prennent conscience de la sensation que ce qu'ils viennent de faire a pu produire chez eux.

Nous nous conformons tous aux habitudes établies en nous serrant la main. Pourquoi ne pas faire la même chose avec le reste du corps? Donnons-lui la chance à lui aussi de profiter du même traitement.

Main à main:

Prélude à l'expérience:
« Claquage des épaules ».

Marchez en vous entrecroisant les uns avec les autres, en vous donnant la main droite et en vous la secouant. A un certain moment, arrêtez-vous et saisissez la main droite de la première personne que vous rencontrez. Fermez alors les yeux et palpez-lui la main afin de prendre conscience de tous les détails qu'elle peut vous révéler. Après deux minutes, tenez-vous les mains, et, en ce faisant, ouvrez les yeux et regardez votre partenaire. Maintenant, déplacez-vous de nouveau et répétez ce que vous venez de faire, mais, cette fois, saisissez la main gauche de votre partenaire. Arrêtez-vous, prenez la main gauche de votre partenaire, les yeux fermés, faites la connaissance de sa main. La prochaine étape consistera à évaluer la force et la douceur de la main. Faites cette évaluation pendant une minute. Ensuite, ouvrez les yeux. Puis, faites le tour de la pièce et serrez les mains de chaque personne que vous rencontrez sur votre passage. Variez votre façon de serrer la main à mesure que vous changez de partenaire. Essayez d'exprimer une impression de rapidité, de colère, de dépression, de joie, faites comme si vous étiez amoureux. Arrêtez-vous maintenant et prenez les deux mains de la première personne qui se présente à vous et faites-en la connaissance complète en appliquant ce que nous avons suggéré de faire jusqu'à maintenant. Au bout de deux minutes, engagez avec elle une discussion manuelle et non verbale, querellez-vous, réconciliez-vous, soyez joyeux, gentil, faites comme si vous dansiez. Employez maintenant les deux mains pour faire la même chose. Au bout de 5 minutes, toujours en vous tenant les mains, ouvrez les yeux. Faites la connaissance de votre partenaire et voyez qui il est.

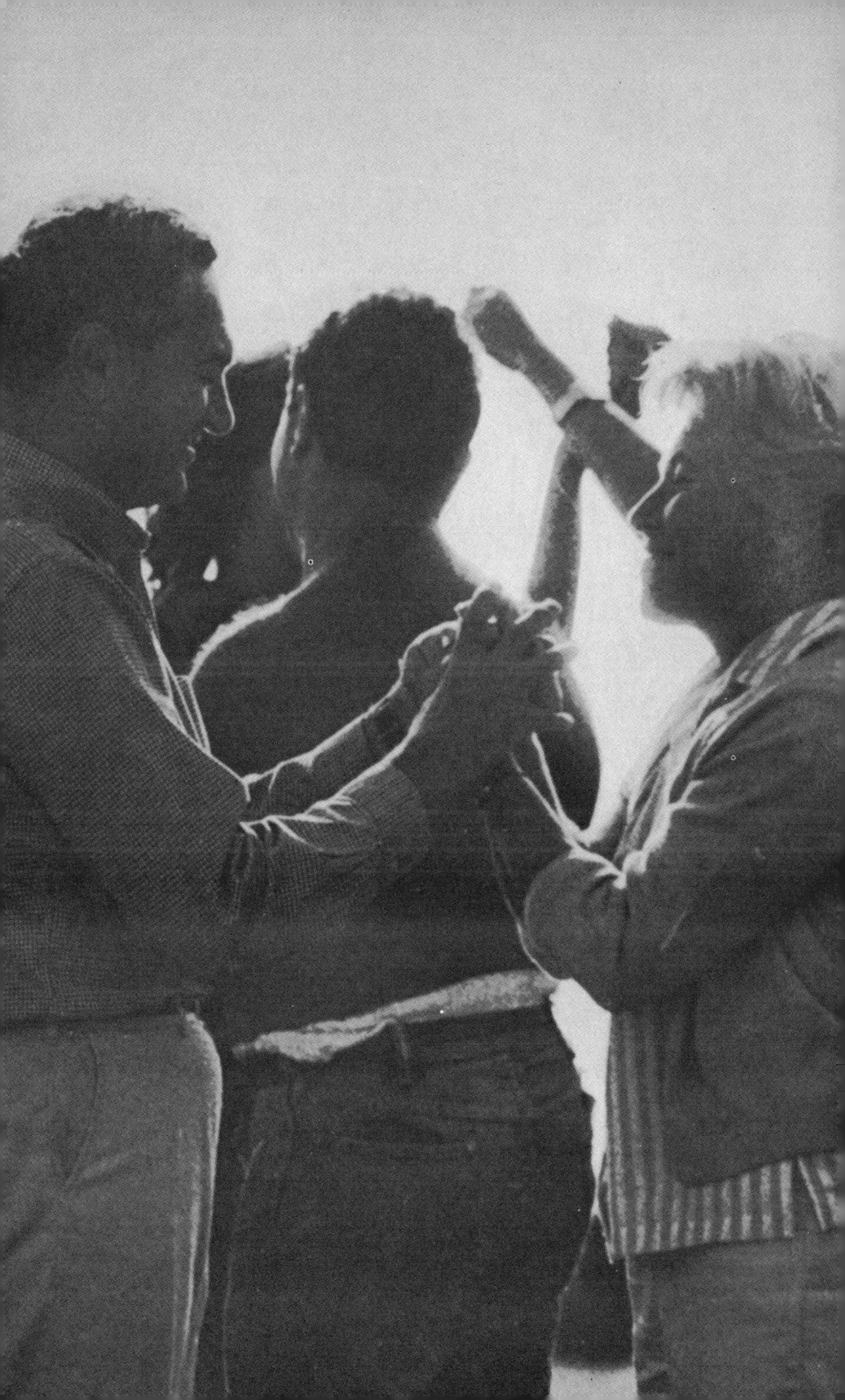

Faire la connaissance du dos:

Prélude à l'expérience:
« Claquage du dos ».

Les yeux fermés, les participants se dirigent vers le mieu de la pièce en reculant les uns vers les autres. Aussitôt que les dos se touchent, faites dire à votre dos « allô » en donnant un petit coup amical à celui que vous touchez. Ensuite, dirigez-vous vers un autre partenaire et recommencez la même chose. Au bout d'une minute, arrêtez-vous vis-à-vis du partenaire qui se trouve derrière vous et faites la connaissance de son dos en frottant votre dos contre le sien. Après quelques instants, séparez-vous. Un des partenaires se retourne alors vers le dos de celui qui est son vis-à-vis et, en gardant les yeux fermés, fait la connaissance de son dos en le palpant et en l'explorant en détail avec le sien.

Au bout de deux minutes, les partenaires intervertissent les rôles de façon que ce soit le contraire de ce qui vient de se produire. Les partenaires se replacent dos-à-dos et tiennent pendant 30 secondes, une conversation avec leur dos, chacun leur tour. Ils engagent maintenant une discussion, ils jouent, ils sont tendres dans leurs mouvements, ils exécutent une danse dos-à-dos en ne laissant pas leur dos se séparer pendant qu'ils dansent et ils essayent tous les mouvements possibles. Au bout de cinq minutes, ils s'arrêtent et portent leur attention sur ce qu'on vient de faire et sur l'effet produit chez eux. Ensuite, ils se séparent tranquillement. Alors seulement, les partenaires ouvrent les yeux et se voient.

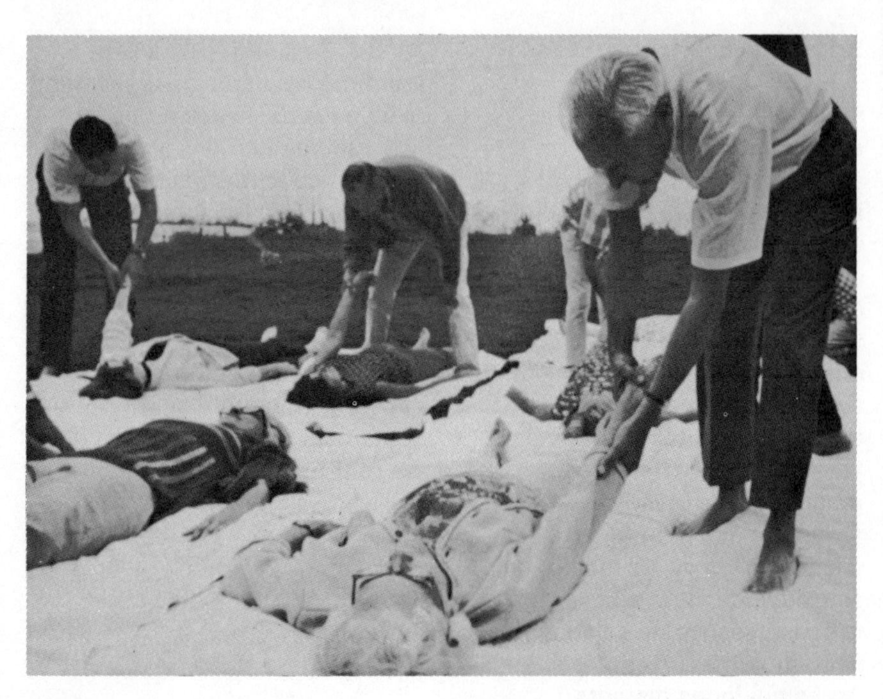

Soulèvement:

Prélude à l'expérience:
« La perception de soi-même ».

Une moitié du groupe s'étend sur le plancher, tandis que l'autre moitié lui donne tout le temps voulu pour ce faire. Les participants debout vont de l'une à l'autre personne, soulèvent chez l'une la tête, chez l'autre une main, une jambe ou les hanches. La personne à laquelle on soulève un membre est tout à fait passive et se laisse entièrement faire. Celle qui fait le soulèvement soupèse, bouge dans tous les sens possibles le membre qu'elle soulève, en détermine la résistance et aide son partenaire à se donner à cette expérience en étant doux et souple. Au bout de cinq minutes, la personne étendue et à laquelle on vient de faire l'expérience reste quelques moments dans cette position, prend conscience de ce qu'elle ressent maintenant à la suite de ce qu'on vient de lui faire. Elle se lève ensuite pour changer de place avec son partenaire et le tout recommence pour l'autre moitié.

Soulèvement

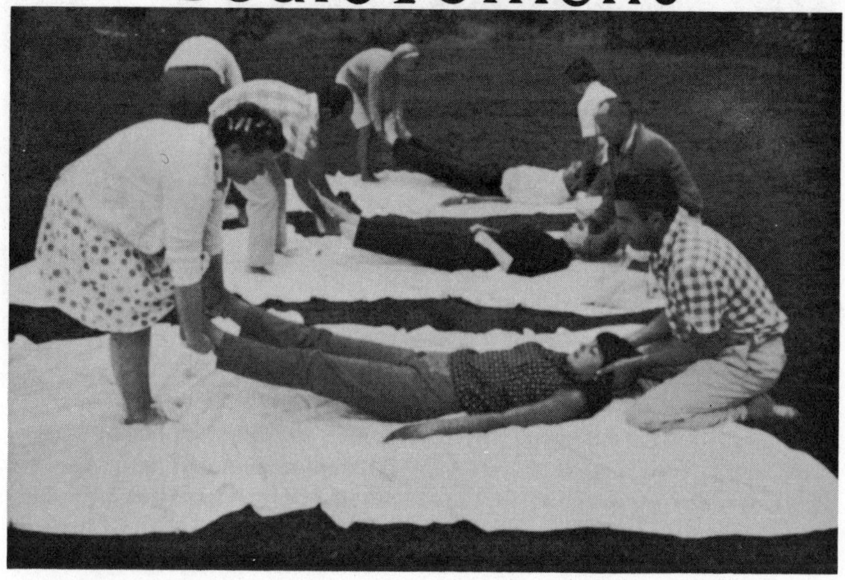

Soulèvement à trois personnes:

Prélude à l'expérience:
Cette expérience doit être précédée par celle qui précède et par le claquage de tout le corps.

Un des partenaires s'étend sur le dos et ferme les yeux. Sans faire la moindre opposition et en n'empêchant aucunement le travail des autres, lors de cette expérience, il se laisse aller mais demeure le plus conscient possible de ce qu'on lui fait. Après lui avoir donné tout le temps voulu pour lui permettre de s'étendre confortablement sur le sol, un des partenaires lui saisit doucement la tête, tandis que l'autre lui saisit les chevilles de la même façon. Ensuite, les deux partenaires actifs soulèvent simultanément et la tête et les jambes à environ 45 degrés. Soulevez plusieurs fois en prenant de 15 à 30 secondes pour accomplir ce mouvement. Arrêtez-vous chaque fois pendant 10 secondes au point maximum du soulèvement. Entre chaque soulèvement, attendez de 15 à 30 secondes. Ensuite, un des deux partenaires debout s'étend à la place de celui qui était couché et on recommence l'expérience avec lui, ensuite on passe au troisième.

Conversation claquée:

Prélude à l'expérience:
« Claquage des épaules ».

Les partenaires se font face. Les deux bras et les épaules ainsi que l'arrière des mains et des doigts devront être claqués. Sans recourir à la parole, un des partenaires commence à converser avec l'autre en claquant avec les deux mains à la fois les endroits ci-dessus mentionnés. L'autre partenaire lui répond de la même façon. Ceci se fait dans un sens et dans l'autre tout comme une conversation ordinaire. Il ne faut pas essayer d'être logique. Il faut dire ce qui nous vient naturellement à l'esprit. Essayez d'exprimer différentes choses en changeant votre façon de claquer. Ne monopolisez pas la conversation à vous tout seul, donnez l'occasion à l'autre de s'exprimer. A certains moments, arrêtez-vous sur un endroit en particulier, à d'autres, sur un autre endroit. Ensuitez, parlez à toutes les régions les unes après les autres. Ne vous exprimez pas trop fort ni non plus trop doucement; n'oubliez pas que ce sont des claques que vous donnez. Vous pourrez vous disputer, mais surtout n'exagérez pas en étant trop violent. Réconciliez-vous tranquillement en vous persuadant à l'aide de votre claquage que c'est mieux ainsi. Faites une tendre déclaration de la même façon, dites quelque chose de drôle. Essayez d'imiter quelqu'un qui parlerait trop. Dites-vous « au revoir ». Fermez les yeux et faites l'expérience de ce que vous ressentez maintenant.

Rencontre en cercle:

Prélude à l'expérience:
« Claquage du dos ».

Un des membres du groupe se tient au milieu d'un cercle fermé. Il garde les jambes droites et collées l'une à l'autre, les genoux droits et il ferme les yeux. Il garde le corps raide mais pas rigide et il se laisse tomber en arrière. Il est alors attrapé en faisant ce mouvement, par un de ceux qui forment le cercle et il est dirigé de l'un vers l'autre, à travers le centre du cercle et dans toutes les directions possibles. Lorsque ceci est terminé, la personne qui a attrapé celle qui est tombée sur elle, est elle-même placée au centre du cercle et tous ceux qui l'entourent se rapprochent les uns des autres et se collent sur elle pendant 30 secondes. Ensuite, ils se retirent tranquillement, la laissant seule au milieu du cercle tout comme au début de l'expérience. Cette expérience devrait être faite par un petit groupe de 6 à 8 personnes.

La marche à l'aveuglette.

Prélude à l'expérience:
« Tapotement, claquage ».

Après s'être choisi un partenaire, une personne se bande les yeux et l'autre la dirige par le bras pendant 10 à 30 secondes de marche à l'aveuglette. On ne parle pas durant toute l'expérience. Celui qui dirige la marche obtient que la personne aux yeux bandés touche, sente, palpe et ait autant de sensations intéressantes que possible. Il lui impose de sentir une fleur, de toucher une autre personne, de se rouler sur l'herbe, de plonger la main dans l'eau, de reconnaître une pierre. Il varie l'allure de la marche, il danse avec l'autre. Lorsque le temps assigné à l'expérience est écoulé, les partenaires échangent leur place. Quand les deux partenaires ont fait l'expérience de la marche à l'aveuglette, ils s'asseyent et commentent ensemble les sensations qu'ils ont éprouvées.

Exploration

Soulèvement

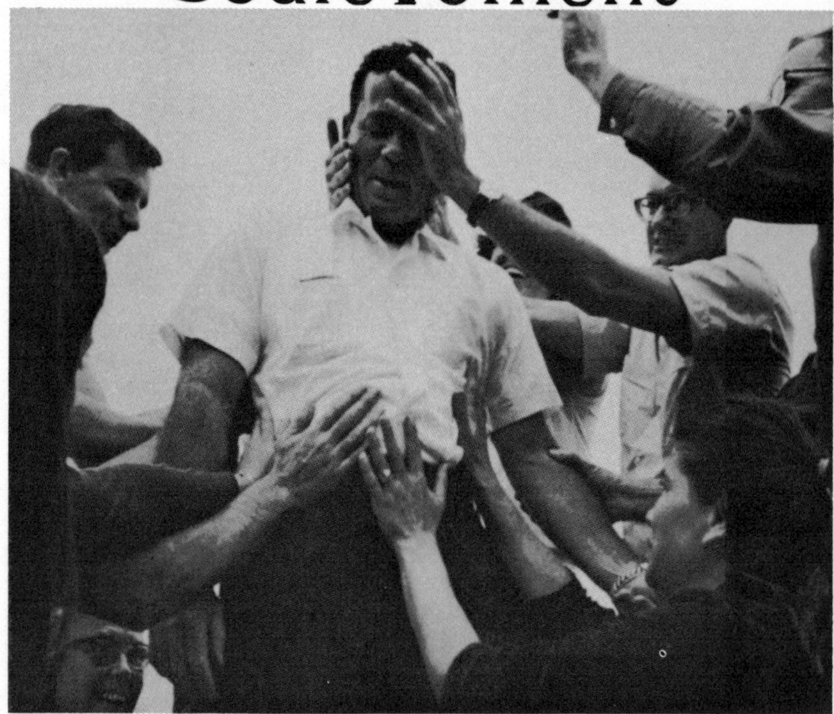

Soulèvement en groupe

Prélude à l'expérience:
« Claquage du dos ».

Une des deux personnes s'étend sur le dos et ferme les yeux. Le reste du groupe s'agenouille autour d'elle et tous glissent lentement les mains en-dessous du corps de la personne couchée. Ensuite, les partenaires la soulèvent tranquillement et délicatement. Vous pouvez maintenant faire ce qui suit, ou seulement une de ces choses. Vous pouvez la bercer (lentement ou rapidement), vous pouvez vous lever et courir avec elle en la gardant dans cette position, vous pouvez la lever à bout de bras, la retourner sur le ventre, la lancer en l'air et la rattraper. Maintenant en faisant bien attention, déposez-la sur le sol comme elle était au départ. Donnez-lui le temps de ressentir ce que vous venez de faire. Faites la même chose pour chacun de ceux qui participent à cette expérience.

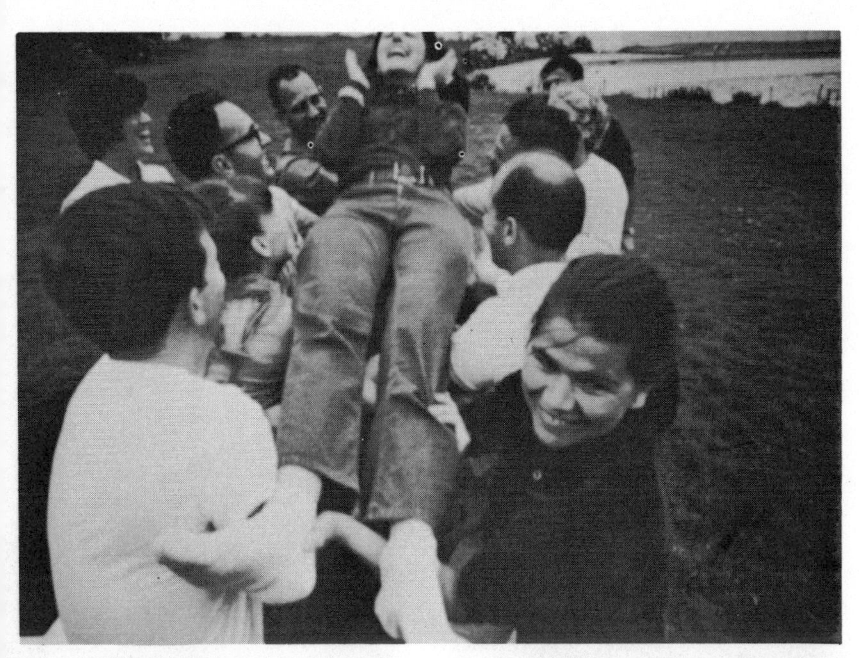

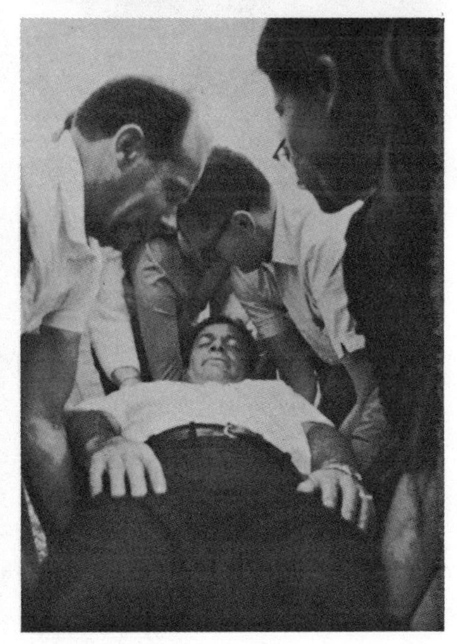

Ramper et s'empiler

Prélude à l'expérience:
« Activité de groupe ».....

Le groupe se place en cercle et s'étend à plat ventre, les têtes pointant les unes sur les autres. Tous ferment les yeux et rampent l'un vers l'autre. Vous rencontrez alors quelqu'un et vous vous glissez sur lui. Il est important d'être sensible à ce contact et de faire attention de ne pas faire mal à qui que ce soit en faisant cela. Vous devez continuer à ramper jusqu'à ce que vous atteigniez le centre de la pile. Ne laissez pas l'empilement devenir trop haut. En rampant vers le centre de ce cercle, à certains moments, arrêtez-vous et essayez de sentir ce que vous touchez, de déterminer ce que c'est, quelle est sa consistance et sa souplesse. Lorsque tout le monde est bien empilé et qu'on ne peut plus aller plus loin, on arrête tout mouvement pendant quelques instants. Tout le monde ouvre alors les yeux, se regarde. L'empilement se dégage maintenant graduellement et tranquillement.

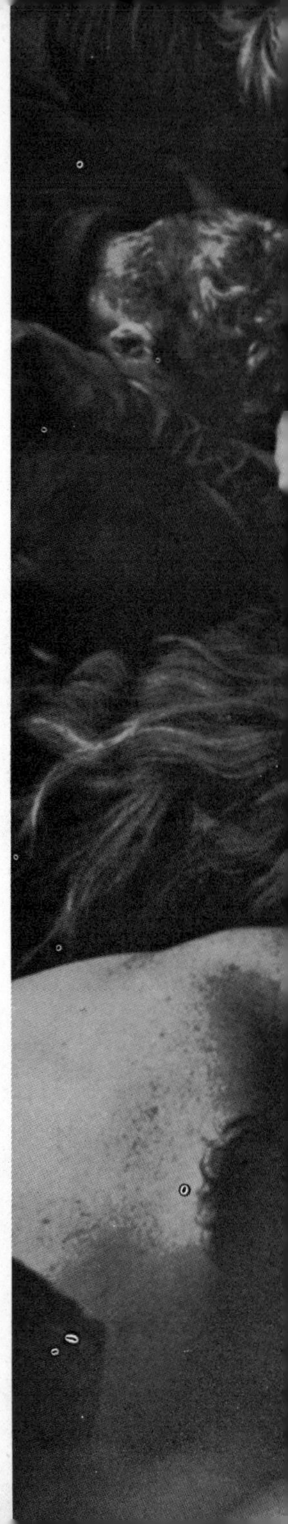

L'empilement des mains

Prélude à l'expérience:
« Main à main ».

Un groupe de sept ou huit personnes se forme en cercle, épaule à épaule. Une personne étend la main au centre du cercle. Une autre place sa main au-dessus de la sienne et ceci est répété jusqu'à ce que tous aient les deux mains empilées sur celles des autres. Lorsque cela est réalisé, tout le monde ferme les yeux et chacun prend conscience de l'effet que cela produit sur lui. Celui qui a la main en-dessous de la pile place alors sa main sur le dessus de la pile. Celui qui a maintenant sa main en-dessous de la pile fait la même chose et ainsi de suite.
La vitesse de ces déplacements des mains peut varier de très lentement à très rapidement.
Maintenant une personne

étrangère au groupe verse de l'huile pour les mains alors qu'elles se déplacent. Les mains sont alors bougées dans d'autres directions, soit à l'extérieur, en cercle ou dans n'importe quel mouvement que les membres du groupe jugeront à propos de faire. Les mains se resserrent maintenant les unes sur les autres. On explore la variété de tous ces mouvements, mais on ne doit pas perdre le contact du milieu du cercle. Finalement, tous glissent les mains hors du cercle, les dégageant ainsi les unes des autres. Cela peut être fait simultanément ou en retirant les mains les unes après les autres. Concentrez-vous sur la sensation qui est ressentie maintenant dans vos mains. Ouvrez les yeux. Regardez-vous les uns les autres.

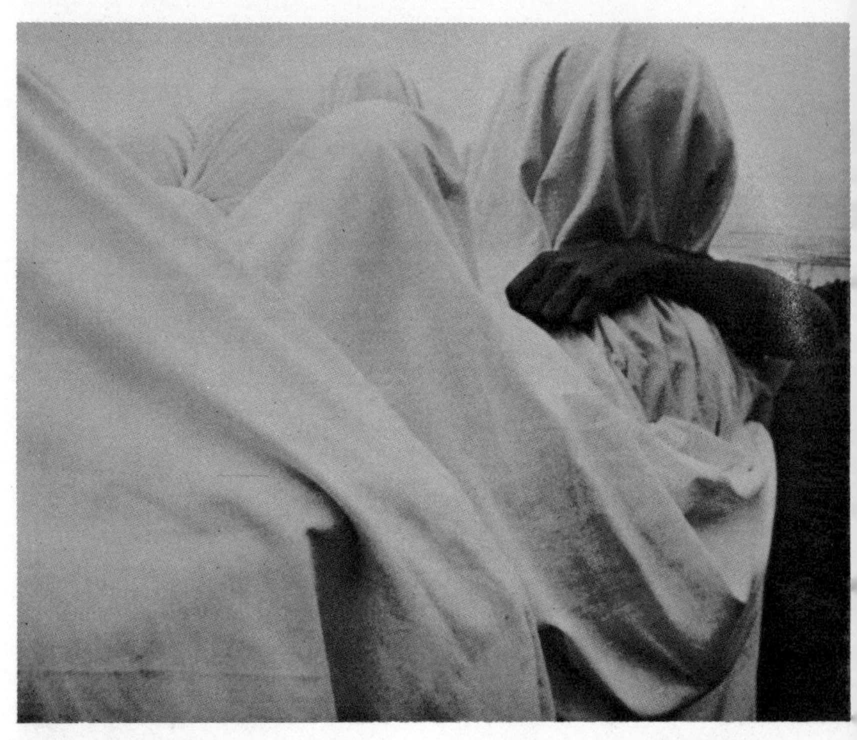

Sous les draps

Prélude à l'expérience:
« Activités de groupe ».

Chaque personne se glisse en-dessous d'un drap et reste ainsi pendant cinq minutes. Cette personne peut faire tout ce qu'elle veut, sauf quitter l'endroit où elle est. Ensuite, elle se déplace autour de la chambre en restant toujours en-dessous du drap. En se déplaçant ainsi, elle rencontre d'autres personnes qui sont aussi sous leur drap, ces personnes étant isolées ou en groupe, mais il faut que chacun demeure sous son drap en faisant cela. Si vous avez le goût de faire quelque chose de spécial, n'hésitez pas et laissez se produire la réaction provoquée par votre geste. Ne parlez pas pendant cette expérience. Lorsque celle-ci est terminée, voyez comment vous vous sentez et quelle impression vous en avez retirée. Chacun enlève alors le drap qui le couvrait.

Exploration

Psalmodier

Aum

Le premier son de ce chant commencera par un O fermé comme dans Océan. Le second son est un M comme dans dôme. Les partenaires se placent en cercle en se faisant face, en se tenant les uns collés sur les autres, les bras entrelacés et les yeux fermés. Les membres du groupe prennent alors tous ensemble une grande respiration. En laissant aller leur souffle, tous ensemble, ils prononcent le O tel que décrit plus haut. Cela doit être fait fermement et en ressentant ce que l'on fait. A mi-temps de leur expiration, ils changent pour prononcer la seconde syllabe, sans s'interrompre. La seconde syllabe ne devra pas être trop longue, elle se prononce comme dans « homme ». Lorsque vous avez exhalé tout votre souffle, vous vous arrêterez tout simplement. Recommencez plusieurs fois en faisant une pause de 10 à 20 secondes entre chaque chant. D'habitude, on répète le chant en question de trois à six fois. Variations: Les femmes chantent d'abord et les hommes leur répondent. Des degrés variés de contrepoint peuvent ainsi être trouvés.

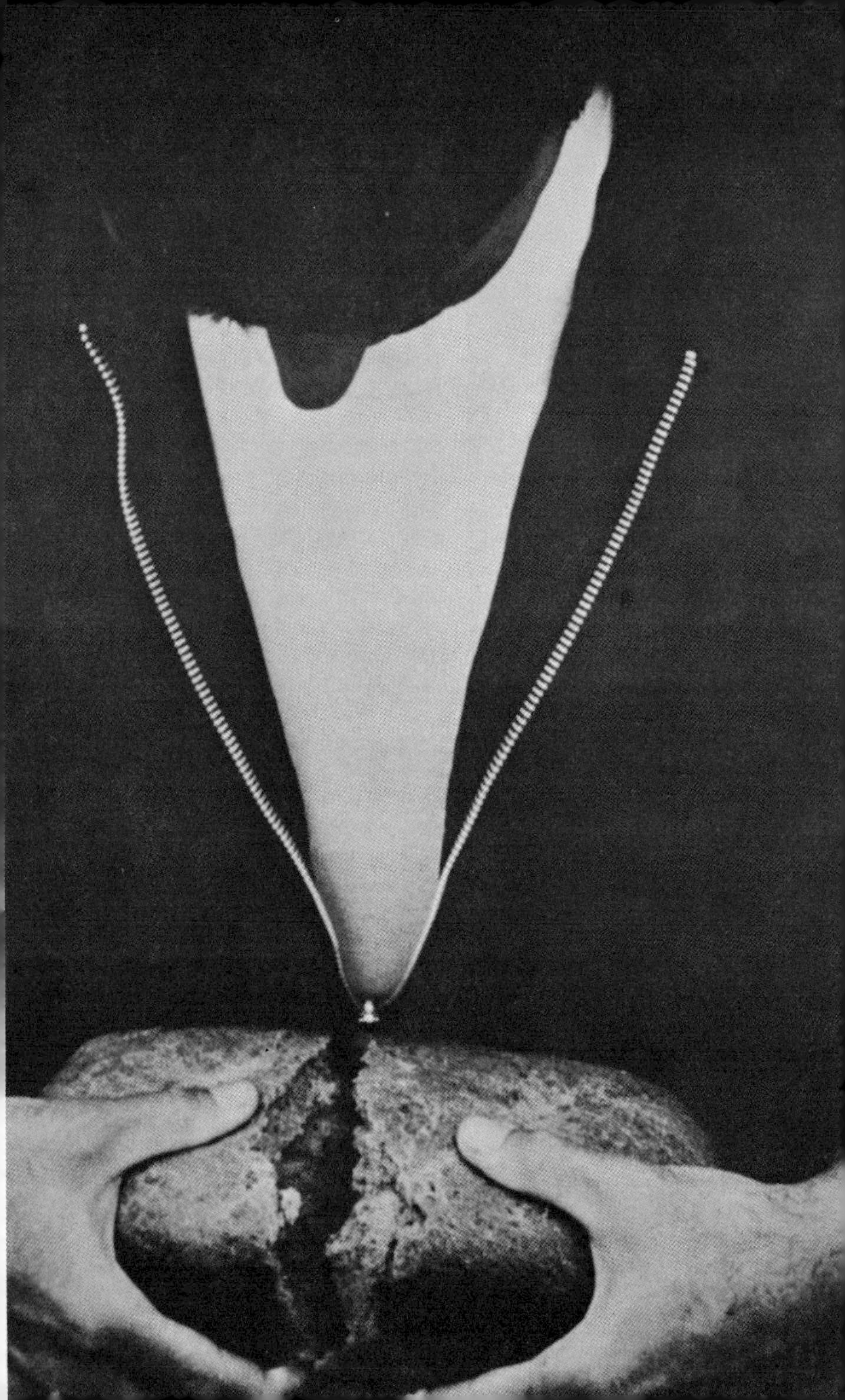

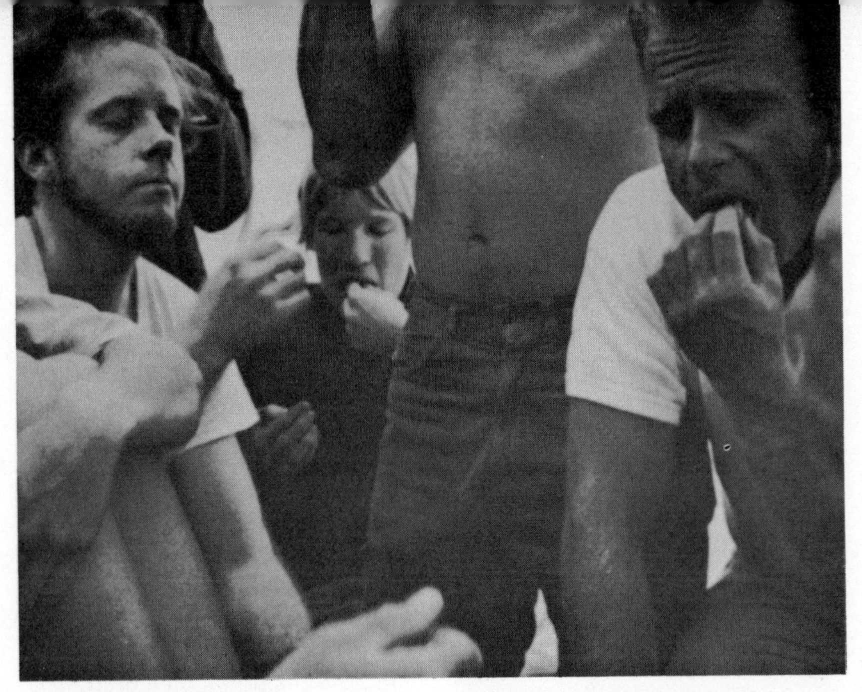

La cérémonie du pain

Prélude à l'expérience:
« Activité de groupe ».

Les participants s'asseyent en cercle autour d'une miche de pain non découpée en tranches. Après s'être assis sans bruit, pendant quelques secondes, ils regardent le pain. Un d'eux le prend et le passe à son voisin qui lui aussi fait la même chose et ainsi de suite. Chacun doit le soupeser et le sentir pour bien en prendre conscience. Lorsque quelqu'un passe le pain à son voisin, il le regarde dans les yeux et l'autre fait de même. Un des membres du groupe brise maintenant le pain très lentement (seulement une fraction de pouce à la fois). Le groupe observe tout ce qu'il fait. Les deux moitiés du pain font maintenant le tour du cercle, chacun examine attentivement l'intérieur du pain, en brise pour lui-même un morceau qui n'est pas plus gros que ce qu'il peut mâcher confortablement. Chacun ferme alors les yeux aussitôt qu'il a pris en mains son morceau de pain. Il met alors le morceau de pain en bouche et le mâche très lentement, jusqu'à ce qu'il soit bien liquéfié et ensuite l'avale. Lorsque cela est fait, les partenaires ouvrent les yeux et se regardent.

Claquage par deux

Le partenaire passif d'un trio s'étend sur le ventre. Ses deux partenaires s'asseyent de chaque côté de lui. Ils claquent alors simultanément tout le dos y compris les fesses. Plus délicatement, ils recouvrent de nouveau de claques toute la région. Les deux s'arrêtent suffisamment longtemps pour permettre à leur partenaire de s'apercevoir des effets de ce qu'ils viennent de faire. On lui claque maintenant les fesses, les jambes et les pieds. Placez-vous de façon à bien accomplir le claquage lorsque vous changez de région. Claquez maintenant plus fort et encore une fois plus doucement. Diminuez graduellement votre claquage. Reculez-vous et laissez votre partenaire prendre conscience de ce que cette expérience a pu produire en lui. Changez maintenant de place avec lui et faites-vous faire la même chose.

Claquage

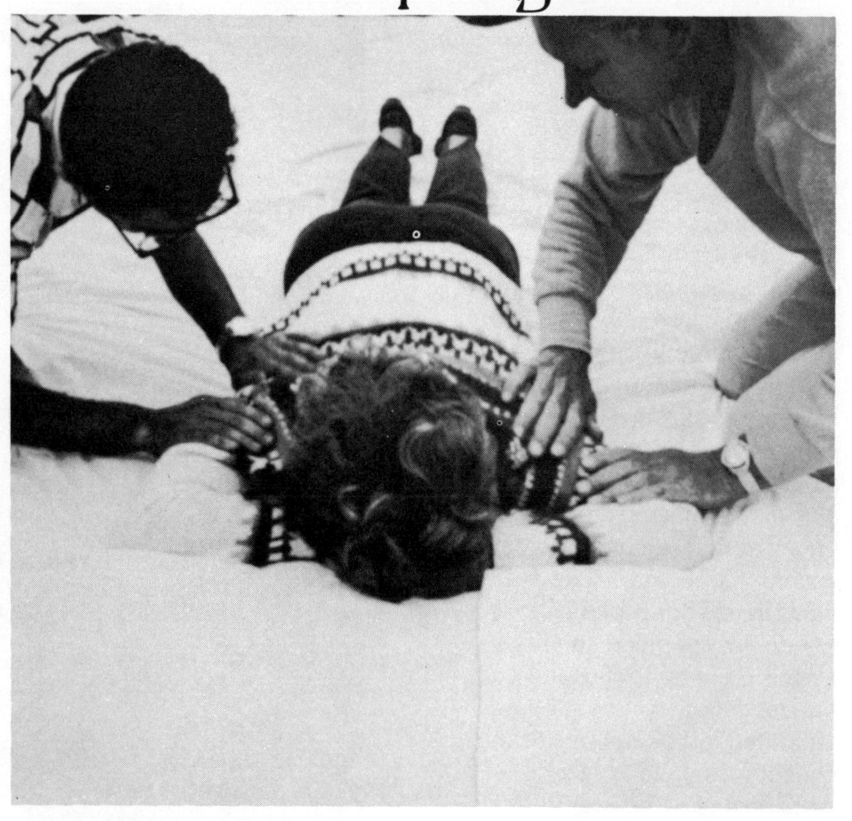

Le sandwich Gunther

Prélude à l'expérience:
« Le claquage par deux ».

La personne qui vient tout juste d'être claquée se tourne sur le côté. Un des deux partenaires qui ont accompli ce claquage se couche derrière elle sur le côté lui aussi et colle sa poitrine et le plus possible du devant de sa personne contre le dos de sa partenaire. Le troisième partenaire s'étend à son tour sur le côté lui aussi, mais en avant du premier qui s'est couché sur le côté. Il se colle alors le dos contre lui. Celui qui est en arrière place son bras autour de la taille de celui qui est devant lui. Celui qui est au milieu fait de même. Prenez conscience de la présence de l'autre et de sa respiration. Au bout d'une minute, le partenaire de l'arrière se retire lentement. Quinze à trente secondes plus tard, celui qui est devant se retire lui aussi lentement. Celui qui reste attend un peu afin de ressentir ce que cela a pu lui donner comme sensation. On recommence alors en changeant de partenaire.

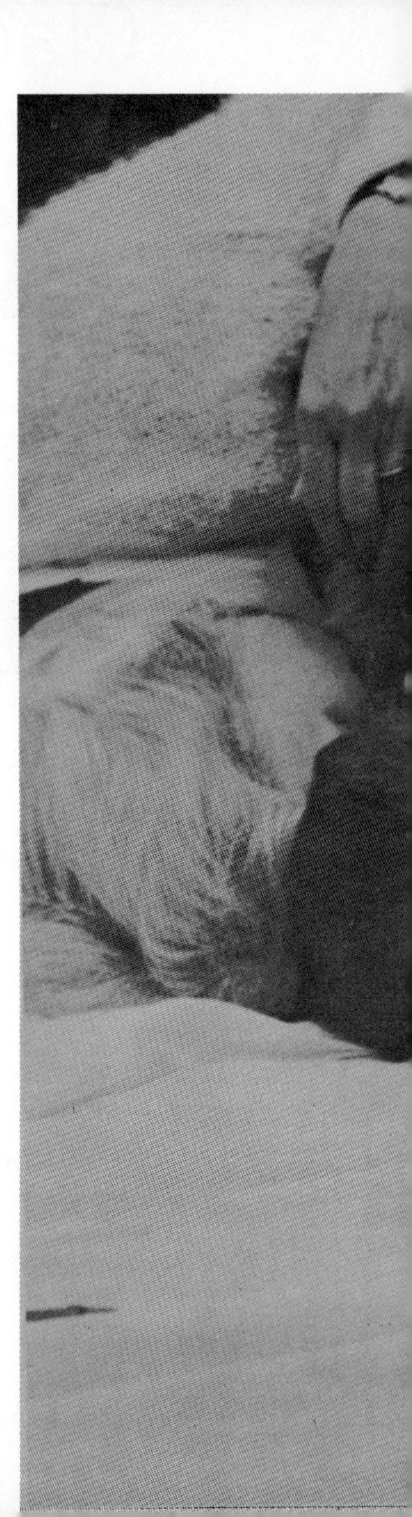

Claquage

Le claquage du dos en groupe

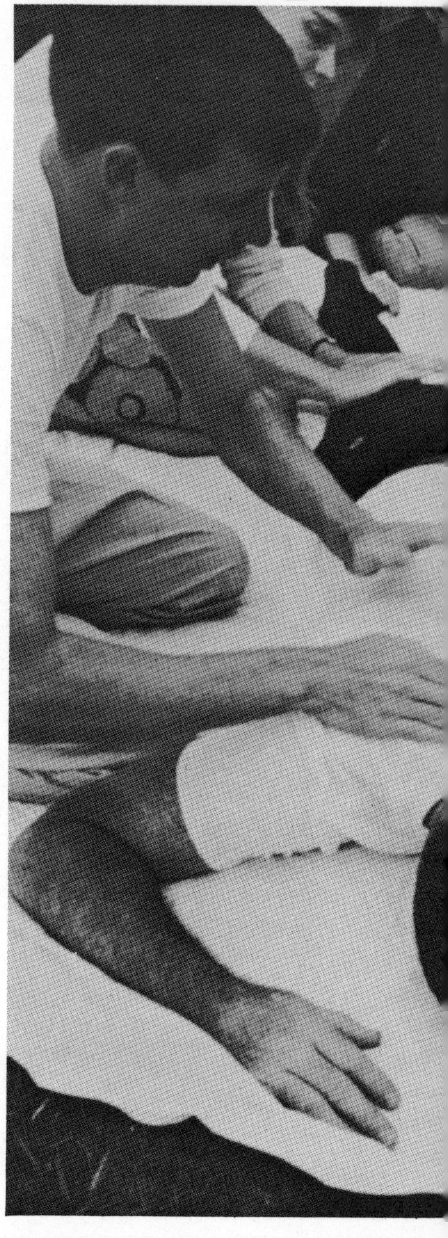

Un des membres du groupe se couche sur le ventre. Les autres s'agenouillent autour de lui, en se plaçant l'un vis-à-vis de l'autre deux à deux. Le claquage devra se faire dans des régions similaires de chaque côté et en même temps. S'il reste un membre du groupe qui ne peut pas faire son claquage en même temps qu'un autre, il vient se placer à la tête ou aux pieds de celui qui est étendu sur le ventre. La personne qui se fait claquer ne fait absolument rien et ne fait que recevoir ce cadeau de la main des autres. Le corps est alors couvert de claques d'un bout à l'autre: le dos, les bras, les fesses et les pieds. On s'arrête ensuite pour lui laisser le temps de savourer l'effet de ce qu'on vient de lui faire.

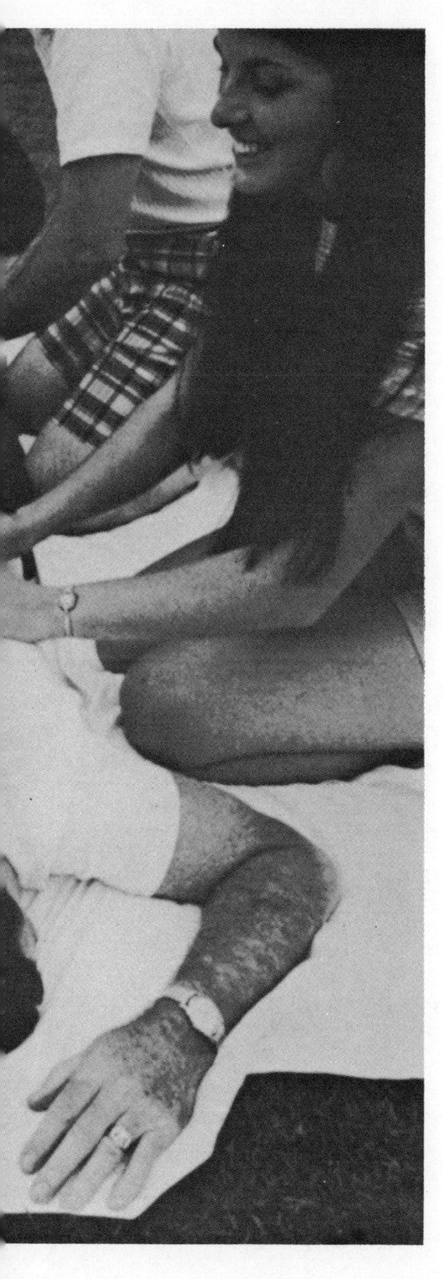

Cela peut être suivi de:

L'application des mains

Au bout de trente secondes, après avoir claqué le dos, chaque membre du groupe appose les mains simultanément sur toute la surface du dos de celui qui est couché. Le toucher est ferme, mais doux et sans pression. On laisse les mains dans cette position de 10 à 60 secondes. On peut répéter cela plusieurs fois, mais il faut attendre un peu avant chaque toucher afin de laisser celui qui est couché percevoir la sensation que cela a pu produire chez lui. Cela doit aussi être fait à la fin de l'expérience et pour la même raison.

Se regarder dans les yeux

Prélude à l'expérience:
« Activité de groupe ».

Le groupe se place en ligne en se tenant par la main. Celui qui est en avant se déplace d'abord vers le côté et ensuite se retourne pour doubler la chaîne. En passant devant chacun des membres de la chaîne, il le regarde dans les yeux. Chacun fait de même à mesure que quelqu'un de nouveau se présente devant lui. On varie alors l'allure de la promenade. On ralentit, on referme le cercle et on ferme les yeux. On reste ainsi 30 secondes. Ensuite, on ouvre les yeux et on se regarde tous encore une fois les uns les autres les yeux dans les yeux.

Voir

Toucher

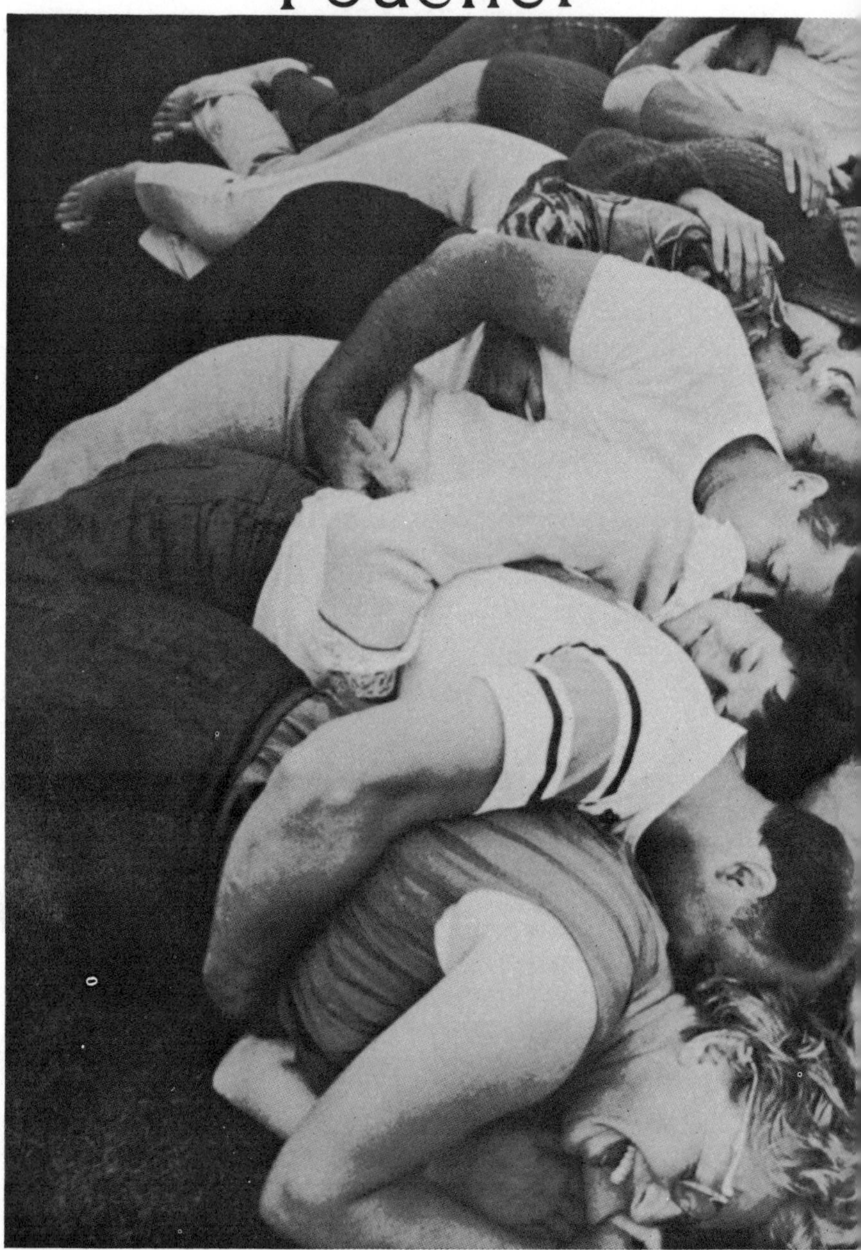

Le sandwich Gunther de groupe

Prélude à l'expérience:
« Activité de groupe ».

Un des membres du groupe se couche sur le côté. Un autre se couche aussi sur le côté derrière lui et place le bras autour de la taille du premier. La personne suivante fait exactement la même chose et ainsi de suite jusqu'à ce que tout le monde soit ainsi couché en sandwich. On reste dans cette position sans rien faire et sans bouger. On prend alors conscience de la sensation d'être ainsi placés les uns contre les autres. Maintenant, celui qui est tout à fait en arrière du groupe se lève et vient se coucher devant celui qui est couché en avant du groupe. Celui qui est maintenant en arrière fait lui aussi la même chose et ainsi de suite. Cela doit être fait jusqu'à ce que chaque membre du groupe ait changé de place avec une autre personne. On doit se concentrer sur la sensation de la présence du groupe. Pour finir, tout le groupe peut essayer de se lever en même temps.

Etre

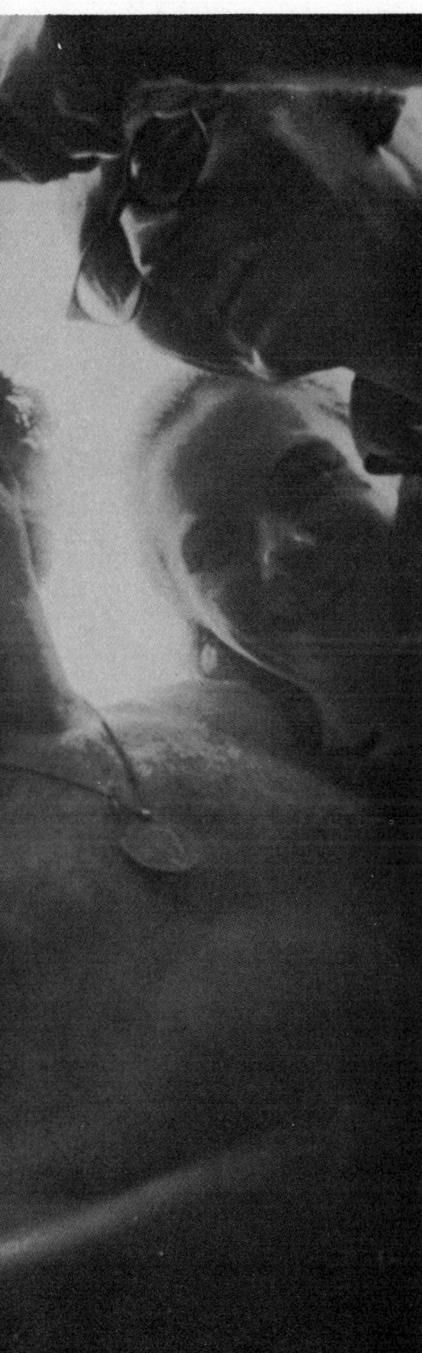

Faire un dôme avec les mains

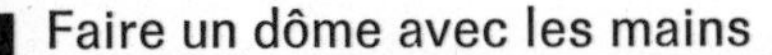

Prélude à l'expérience:
« Activité de groupe ».

Le groupe se place en cercle, on ferme les yeux. Chaque personne place une main dans le centre du cercle. Lorsque les deux mains de chacun sont empilées les unes sur les autres, on s'arrête et on fait attention à la sensation produite. Maintenant, on lève lentement les mains et on reste dans cette position pendant quelques secondes. On baisse les mains de la même façon jusqu'à hauteur des hanches. On répète le même mouvement, en les levant cette fois jusqu'au-dessus de la tête et en faisant bien attention de ne pas laisser les mains se séparer. On abaisse lentement les mains à hauteur des hanches. On les relève cette fois en allant le plus haut possible. Les mains continuent à se toucher tout comme précédemment. Redescendez maintenant les mains vers le bas, séparez-les les unes des autres et laissez-les aller se replacer lentement de chaque côté de votre corps. Considérez pendant quelques instants la sensation que cela produit dans tout votre être. Ouvrez les yeux. Regardez-vous les uns les autres.

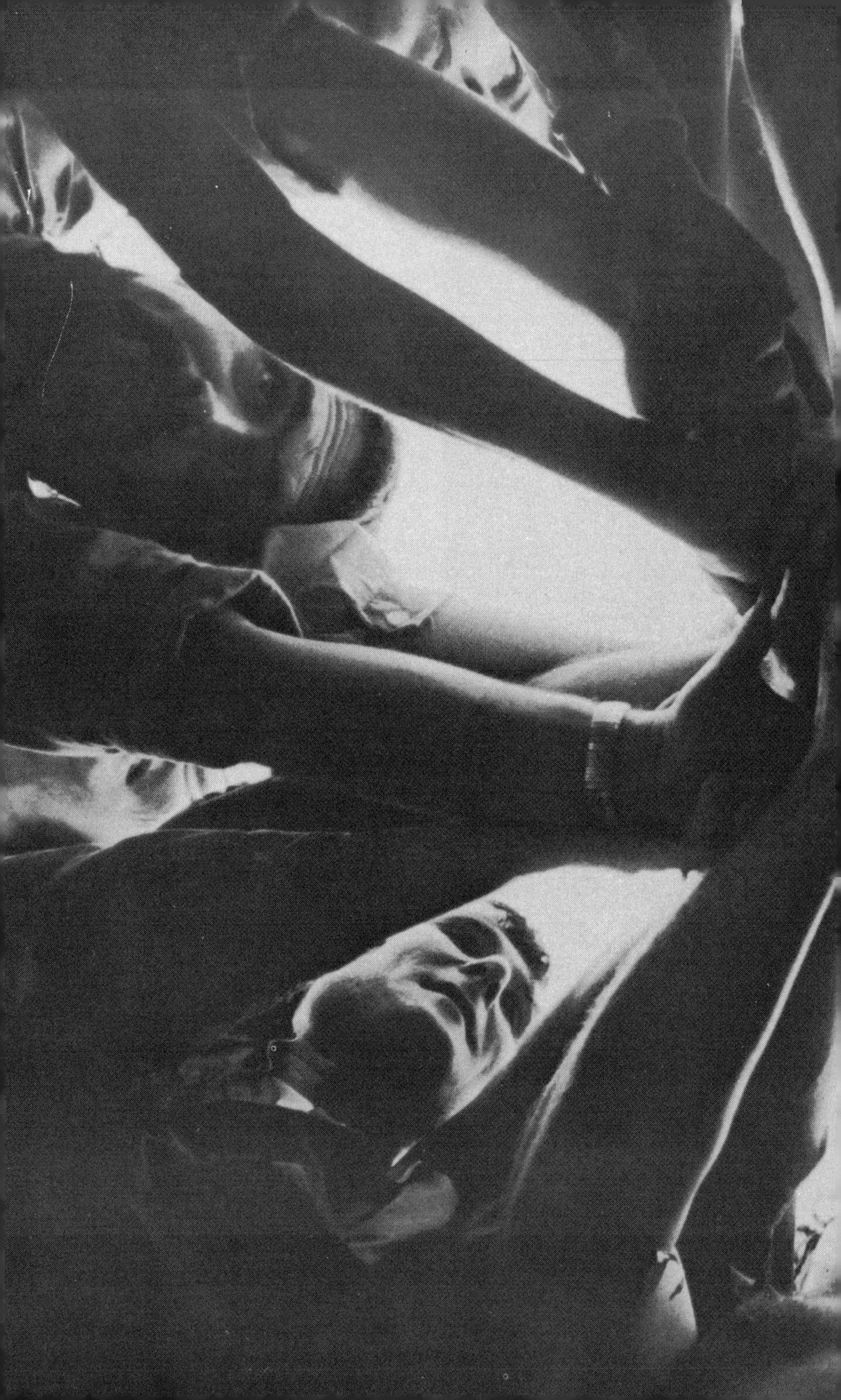

Achevé d'imprimer sur les presses de

L'IMPRIMERIE ELECTRA

pour

LES EDITIONS DE L'HOMME LTÉE

Ouvrages parus chez les Éditeurs du groupe Sogides

Ouvrages parus aux ÉDITIONS DE L'HOMME

ART CULINAIRE

Art de vivre en bonne santé (L'), Dr W. Leblond, **3.00**
Boîte à lunch (La), L. Lagacé, **3.00**
101 omelettes, M. Claude, **2.00**
Choisir ses vins, P. Petel, **2.00**
Cocktails de Jacques Normand (Les), J. Normand, **2.00**
Congélation (La), S. Lapointe, **2.00**
Cuisine avec la farine Robin Hood (La), Robin Hood, **2.00**
Cuisine chinoise (La), L. Gervais, **3.00**
Cuisine de maman Lapointe (La), S. Lapointe, **2.00**
Cuisine des 4 saisons (La), Mme Hélène Durand-LaRoche, **3.00**
Cuisine française pour Canadiens, R. Montigny, **3.00**
Cuisine en plein air, H. Doucet, **2.00**
Cuisine italienne (La), Di Tomasso, **2.00**
Diététique dans la vie quotidienne, L. Lagacé, **3.00**
En cuisinant de 5 à 6, J. Huot, **2.00**
Fondues et flambées, S. Lapointe, **2.00**
Grande Cuisine au Pernod (La), S. Lapointe, **3.00**
Hors-d'oeuvre, salades et buffets froids, L. Dubois, **2.00**
Madame reçoit, H.D. LaRoche, **2.50**
Mangez bien et rajeunissez, R. Barbeau, **3.00**
Recettes à la bière des grandes cuisines Molson, M.L. Beaulieu, **2.00**
Recettes au "blender", J. Huot, **3.00**
Recettes de maman Lapointe, S. Lapointe, **2.00**
Recettes de gibier, S. Lapointe, **3.00**
Régimes pour maigrir, M.J. Beaudoin, **2.50**
Soupes (Les), C. Marécat, **2.00**
Tous les secrets de l'alimentation, M.J. Beaudoin, **2.50**
Vin (Le), P. Petel, **3.00**
Vins, cocktails et spiritueux, G. Cloutier, **2.00**
Vos vedettes et leurs recettes, G. Dufour et G. Poirier, **3.00**
Y'a du soleil dans votre assiette, Georget-Berval-Gignac, **3.00**

DOCUMENTS, BIOGRAPHIE

Acadiens (Les), E. Leblanc, **2.00**
Bien-pensants (Les), P. Berton, **2.50**
Blow up des grands de la chanson, M. Maill, **3.00**
Bourassa-Québec, R. Bourassa, **1.00**
Camillien Houde, H. Larocque, **1.00**
Canadians et nous (Les), J. De Roussan, **1.00**
Ce combat qui n'en finit plus, A. Stanké,-J.L. Morgan, **3.00**
Charlebois, qui es-tu?, B. L'Herbier, **3.00**
Chroniques vécues des modestes origines d'une élite urbaine, H. Grenon, **3.50**

Conquête de l'espace (La), J. Lebrun, **5.00**

Des hommes qui bâtissent le Québec, collaboration, **3.00**

Deux innocents en Chine rouge, P.E. Trudeau, J. Hébert, **2.00**

Drapeau canadien (Le), L.A. Biron, **1.00**

Drogues, J. Durocher, **2.00**

Egalité ou indépendance, D. Johnson, **2.00**

Epaves du Saint-Laurent (Les), J. Lafrance, **3.00**

Etat du Québec (L'), collaboration, **1.00**

Félix Leclerc, J.P. Sylvain, **2.00**

Fabuleux Onassis (Le), C. Cafarakis, **3.00**

Fête au village, P. Legendre, **2.00**

FLQ 70: Offensive d'automne, J.C. Trait, **3.00**

France des Canadiens (La), R. Hollier, **1.50**

Greffes du coeur (Les), collaboration, **2.00**

Hippies (Les), Time-coll., **3.00**

Imprévisible M. Houde (L'), C. Renaud, **2.00**

Insolences du Frère Untel, F. Untel, **1.50**

J'aime encore mieux le jus de betteraves, A. Stanké, **2.50**

Juliette Béliveau, D. Martineau, **3.00**

La Bolduc, R. Benoit, **1.50**

Lamia, P.T. De Vosjoli, **5.00**

L'Ermite, L. Rampa, **3.00**

Magadan, M. Solomon, **6.00**

Mammifères de mon pays, Duchesnay-Dumais, **2.00**

Masques et visages du spiritualisme contemporain, J. Evola, **5.00**

Médecine d'aujourd'hui, Me A. Flamand, **1.00**

Médecine est malade, Dr L. Joubert, **1.00**

Michèle Richard raconte Michèle Richard, M. Richard, **2.50**

Mozart, raconté en 50 chefs-d'oeuvre, P. Roussel, **5.00**

Nationalisation de l'électricité (La), P. Sauriol, **1.00**

Napoléon vu par Guillemin, H. Guillemin, **2.50**

On veut savoir, (4 t.), L. Trépanier, **1.00 ch.**

Option Québec, R. Lévesque, **2.00**

Pellan, G. Lefebvre, **18.95**

Poissons du Québec, Juschereau-Duchesnay, **1.00**

Pour entretenir la flamme, L. Rampa, **3.00**

Pour une radio civilisée, G. Proulx, **2.00**

Prague, l'été des tanks, collaboration, **3.00**

Premiers sur la lune, Armstrong-Aldrin-Collins, **6.00**

Prisonniers à l'Oflag 79, P. Vallée, **1.00**

Prostitution à Montréal (La), T. Limoges, **1.50**

Québec 1800, W.H. Bartlett, **15.00**

Rage des goof-balls, A. Stanké-M.J. Beaudoin, **1.00**

Rescapée de l'enfer nazi, R. Charrier, **1.50**

Révolte contre le monde moderne, J. Evola, **6.00**

Riopelle, G. Robert, **3.50**

Taxidermie, (2e édition), J. Labrie, **4.00**

Terrorisme québécois (Le), Dr G. Morf, **3.00**

Ti-blanc, mouton noir, R. Laplante, **2.00**

Treizième chandelle, L. Rampa, **3.00**

Trois vies de Pearson (Les), Poliquin-Beal, **3.00**

Trudeau, le paradoxe, A. Westell, **5.00**

Une culture appelée québécoise, G. Turi, **2.00**

Une femme face à la Confédération, M.B. Fontaine, **1.50**

Un peuple oui, une peuplade jamais! J. Lévesque, **3.00**

Un Yankee au Canada, A. Thério, **1.00**

Vizzini, S. Vizzini, **5.00**

Vrai visage de Duplessis (Le), P. Laporte, **2.00**

ENCYCLOPEDIES

Encyclopédie de la maison québécoise, Lessard et Marquis, **6.00**

Encyclopédie des antiquités du Québec, Lessard et Marquis, **6.00**

Encyclopédie des oiseaux du Québec, W. Earl Godfrey, **6.00**

Encyclopédie du jardinier horticulteur, W.H. Perron, **6.00**

Encyclopédie du Québec, Vol. I et Vol. II, L. Landry, **6.00 ch.**

ESTHETIQUE ET VIE MODERNE

Cellulite (La), Dr G.J. Léonard, **3.00**
Charme féminin (Le), D.M. Parisien, **2.00**
Chirurgie plastique et esthétique, Dr A. Genest, **2.00**
Embellissez votre corps, J. Ghedin, **2.00**
Embellissez votre visage, J. Ghedin, **1.50**
Etiquette du mariage, Fortin-Jacques, Farley, **2.50**
Exercices pour rester jeune, T. Sekely, **3.00**
Femme après 30 ans, N. Germain, **2.50**
Femme émancipée (La), N. Germain et L. Desjardins, **2.00**
Leçons de beauté, E. Serei, **1.50**
Savoir se maquiller, J. Ghedin, **1.50**
Savoir-vivre, N. Germain, **2.50**
Savoir-vivre d'aujourd'hui (Le), M.F. Jacques, **2.00**
Sein (Le), collaboration, **2.50**
Soignez votre personnalité, messieurs, E. Serei, **2.00**
Vos cheveux, J. Ghedin, **2.50**
Vos dents, Archambault-Déom, **2.00**

LINGUISTIQUE

Améliorez votre français, J. Laurin, **2.50**
Anglais par la méthode choc (L'), J.L. Morgan, **2.00**
Dictionnaire en 5 langues, L. Stanké, **2.00**
Mirovox, H. Bergeron, **1.00**
Petit dictionnaire du joual au français, A. Turenne, **2.00**
Savoir parler, R.S. Catta, **2.00**
Verbes (Les), J. Laurin, **2.50**

LITTERATURE

Amour, police et morgue, J.M. Laporte, **1.00**
Bigaouette, R. Lévesque, **2.00**
Bousille et les Justes, G. Gélinas, **2.00**
Candy, Southern & Hoffenberg, **3.00**
Cent pas dans ma tête (Les), P. Dudan, **2.50**
Commettants de Caridad (Les), Y. Thériault, **2.00**
Des bois, des champs, des bêtes, J.C. Harvey, **2.00**
Dictionnaire d'un Québécois, C. Falardeau, **2.00**
Ecrits de la Taverne Royal, collaboration, **1.00**
Gésine, Dr R. Lecours, **2.00**
Hamlet, Prince du Québec, R. Gurik, **1.50**
Homme qui va (L'), J.C. Harvey, **2.00**
J'parle tout seul quand j'en narrache, E. Coderre, **2.00**
Mort attendra (La), A. Malavoy, **1.00**
Malheur a pas des bons yeux, R. Lévesque, **2.00**
Marche ou crève Carignan, R. Hollier, **2.00**
Mauvais bergers (Les), A.E. Caron, **1.00**
Mes anges sont des diables, J. de Roussan, **1.00**
Montréalités, A. Stanké, **1.00**
Mort d'eau (La), Y. Thériault, **2.00**
Ni queue, ni tête, M.C. Brault, **1.00**
Pays voilés, existences, M.C. Blais, **1.50**
Pomme de pin, L.P. Dlamini, **2.00**
Pour la grandeur de l'homme, C. Péloquin, **2.00**
Printemps qui pleure (Le), A. Thério, **1.00**
Prix David, C. Hamel, **2.50**
Propos du timide (Les), A. Brie, **1.00**
Roi de la Côte Nord (Le), Y. Thériault, **1.00**
Temps du Carcajou (Les), Y. Thériault, **2.50**
Tête blanche, M.C. Blais, **2.50**
Tit-Coq, G. Gélinas, **2.00**
Toges, bistouris, matraques et soutanes, collaboration, **1.00**
Un simple soldat, M. Dubé, **1.50**
Valérie, Y. Thériault, **2.00**
Vertige du dégoût (Le), E.P. Morin, **1.00**

LIVRES PRATIQUES – LOISIRS

Alimentation pour futures mamans, T. Sekely et R. Gougeon, **3.00**

Apprenez la photographie avec Antoine Desilets, A. Desilets, **3.50**

Bougies (Les), W. Schutz, **4.00**

Bricolage (Le), J.M. Doré, **3.00**

Cabanes d'oiseaux (Les), J.M. Doré, **3.00**

Camping et caravaning, J. Vic et R. Savoie, **2.50**

Cinquante et une chansons à répondre, P. Daigneault, **2.00**

Comment prévoir le temps, E. Neal, **1.00**

Conseils à ceux qui veulent bâtir, A. Poulin, **2.00**

Conseils aux inventeurs, R.A. Robic, **1.50**

Couture et tricot, M.H. Berthouin, **2.00**

Décoration intérieure (La), J. Monette, **3.00**

Fléché (Le), L. Lavigne et F. Bourret, **4.00**

Guide complet de la couture (Le), L. Chartier, **3.50**

Guide de l'astrologie (Le), J. Manolesco, **3.00**

Guide de la haute-fidélité, G. Poirier, **4.00**

8/Super 8/16, A. Lafrance, **5.00**

Hypnotisme (L'), J. Manolesco, **3.00**

Informations touristiques, la France, Deroche et Morgan, **2.50**

Informations touristiques, le Monde, Deroche, Colombani, Savoie, **2.50**

Insolences d'Antoine, A. Desilets, **3.00**

Interprétez vos rêves, L. Stanké, **3.00**

Jardinage (Le), P. Pouliot, **3.00**

J'ai découvert Tahiti, J. Languirand, **1.00**

Je développe mes photos, A. Desilets, **5.00**

Je prends des photos, A. Desilets, **4.00**

Jeux de société, L. Stanké, **2.00**

J'installe mon équipement stéro, T. I et II, J.M. Doré, **3.00 ch.**

Juste pour rire, C. Blanchard, **2.00**

Météo (La), A. Ouellet, **3.00**

Origami I, R. Harbin, **2.00**

Origami II, R. Harbin, **3.00**

Ouverture aux échecs (L'), C. Coudari, **4.00**

Poids et mesures, calcul rapide, L. Stanké, **3.00**

Pourquoi et comment cesser de fumer, A. Stanké, **1.00**

La retraite, D. Simard, **2.00**

Technique de la photo, A. Desilets, **4.00**

Techniques du jardinage (Les), P. Pouliot, **5.00**

Tenir maison, F.G. Smet, **2.00**

Tricot (Le), F. Vandelac, **3.00**

Trucs de rangement no 1, J.M. Doré, **3.00**

Trucs de rangement no 2, J.M. Doré, **3.00**

Une p'tite vite, G. Latulippe, **2.00**

Vive la compagnie, P. Daigneault, **3.00**

Voir clair aux échecs, H. Tranquille, **3.00**

Voir clair aux dames, H. Tranquille, **3.00**

Votre avenir par les cartes, L. Stanké, **3.00**

Votre discothèque, P. Roussel, **4.00**

LE MONDE DES AFFAIRES ET LA LOI

ABC du marketing (L'), A. Dahamni, **3.00**

Bourse, (La), A. Lambert, **3.00**

Budget (Le), collaboration, **3.00**

Ce qu'en pense le notaire, Me A. Senay, **2.00**

Connaissez-vous la loi? R. Millet, **2.00**

Cruauté mentale, seule cause du divorce? (La), Me Champagne et Dr Léger, **2.50**

Dactylographie (La), W. Lebel, **2.00**

Dictionnaire des affaires (Le), W. Lebel, **2.00**

Dictionnaire économique et financier, E. Lafond, **4.00**

Dictionnaire de la loi (Le), R. Millet, **2.50**

Dynamique des groupes, Aubry-Saint-Arnaud, **1.50**

Guide de la finance (Le), B. Pharand, **2.50**

Loi et vos droits (La), Me P.A. Marchand, **4.00**

Secrétaire (Le/La) bilingue, W. Lebel, **2.50**

PATOF

Cuisinons avec Patof, J. Desrosiers, **1.29**
Patof raconte, J. Desrosiers, **0.89**
Patofun, J. Desrosiers, **0.89**

SANTE, PSYCHOLOGIE, EDUCATION

Activité émotionnelle, P. Fletcher, **3.00**
Adolescent veut savoir (L'), Dr L. Gendron, **3.00**
Adolescente veut savoir (L'), Dr L. Gendron, **2.00**
Amour après 50 ans (L'), Dr L. Gendron, **2.00**
Apprenez à connaître vos médicaments, R. Poitevin, **3.00**
Complexes et psychanalyse, P. Valinieff, **2.50**
Comment vaincre la gêne et la timidité, R.S. Catta, **2.00**
Communication et épanouissement personnel, L. Auger, **3.00**
Contraception (La), Dr L. Gendron, **3.00**
Couple sensuel (Le), Dr L. Gendron, **$2.00**
Cours de psychologie populaire, F. Cantin, **$2.50**
Dépression nerveuse (La), collaboration, **2.50**
Développez votre personnalité, vous réussirez, S. Brind'Amour, **2.00**
En attendant mon enfant, Y.P. Marchessault, **3.00**
Femme enceinte (La), Dr R. Bradley, **2.50**
Femme et le sexe (La), Dr L. Gendron, **2.00**
Guérir sans risques, Dr E. Plisnier, **3.00**
Guide des premiers soins, Dr J. Hartley, **3.00**
Guide médical de mon médecin de famille, Dr M. Lauzon, **3.00**
Homme et l'art érotique (L'), Dr L. Gendron, **2.00**
Langage de votre enfant (Le), C. Langevin, **2.50**
Maladies transmises par relations sexuelles, Dr L. Gendron, **2.00**
Maman et son nouveau-né (La), T. Sekely, **3.00**
Mariée veut savoir (La), Dr L. Gendron, **2.00**
Ménopause (La), Dr L. Gendron, **2.00**
Merveilleuse Histoire de la naissance (La), Dr L. Gendron, **4.50**
Madame est servie, Dr L. Gendron, **2.00**
Parents face à l'année scolaire (Les), collaboration, **2.00**
Pour vous future maman, T. Sekely, **2.00**
Quel est votre quotient psycho-sexuel, Dr L. Gendron, **2.00**
Qu'est-ce qu'un homme, Dr L. Gendron, **2.00**
Qu'est-ce qu'une femme, Dr L. Gendron, **2.50**
15/20 ans, F. Tournier et P. Vincent, **4.00**
Relaxation sensorielle (La), Dr P. Gravel, **3.00**
Sexualité (La), Dr L. Gendron, **$2.00**
Volonté (La), l'attention, la mémoire, R. Tocquet, **2.50**
Vos mains, miroir de la personnalité, P. Maby, **3.00**
Votre écriture, la mienne et celle des autres, F.X. Boudreault, **1.50**
Votre personnalité, votre caractère, Y. Benoist-Morin, **2.00**
Yoga, corps et pensée, B. Leclerq, **3.00**
Yoga, santé totale pour tous, G. Lescouflair, **1.50**
Yoga sexe, Dr Gendron et S. Piuze, **3.00**

SPORTS (collection dirigée par Louis Arpin)

ABC du hockey (L'), H. Meeker, **3.00**
Aérobix, Dr P. Gravel, **2.50**
Aïkido, au-delà de l'agressivité, M. Di Villadorata, **3.00**
Armes de chasse (Les), Y. Jarretie, **2.00**
Baseball (Le), collaboration, **2.50**
Course-Auto 70, J. Duval, **3.00**
Courses de chevaux (Les), Y. Leclerc, **3.00**
Devant le filet, J. Plante, **3.00**
Golf (Le), J. Huot, **2.00**
Football (Le), collaboration, **2.50**
Football professionnel, J. Séguin, **3.00**
Guide de l'auto (Le) (1967), J. Duval, **2.00**
(1968-69-70-71), 3.00 chacun

Domaine de Cassaubon (Le), G. Langlois, **3.00**
Dompteur d'ours (Le), Y. Thériault, **2.50**
Doux Mal (Le), A. Maillet, **2.50**
D'un mur à l'autre, P.A. Bibeau, **2.50**
Et puis tout est silence, C. Jasmin, **3.00**
Fille laide (La), Y. Thériault, **3.00**
Jeu des saisons (Le), M. Ouellette-Michalska, **2.50**
Marche des grands cocus (La), R. Fournier, **3.00**
Monsieur Isaac, N. de Bellefeuille et G. Racette, **3.00**
Mourir en automne, C. DeCotret, **2.50**
Neuf jours de haine, J.J. Richard, **3.00**
N'Tsuk, Y. Thériault, **2.00**
Ossature, R. Morency, **3.00**
Outaragasipi (L'), C. Jasmin, **3.00**
Petite Fleur du Vietnam, C. Gaumont, **3.00**
Pièges, J.J. Richard, **3.00**
Porte Silence, P.A. Bibeau, **2.50**
Requiem pour un père, F. Moreau, **2.50**
Scouine (La), A. Laberge, **3.00**
Tayaout, fils d'Agaguk, Y. Thériault, **2.50**
Tours de Babylone (Les), M. Gagnon, **3.00**
Vendeurs du Temple, Y. Thériault, **3.00**
Visages de l'enfance (Les), D. Blondeau, **3.00**
Vogue (La), P. Jeancard, **3.00**

Ouvrages parus aux PRESSES LIBRES

Amour (L'), collaboration, **6.00**
Amour humain (L'), R. Fournier, **2.00**
Anik, Gilan, **3.00**
Anti-sexe (L'), J.P. Payette, **3.00**
Ariâme . . .Plage nue, P. Dudan, **3.00**
Assimilation pourquoi pas? (L'), L. Landry, **2.00**
Aventures sans retour, C.J. Gauvin, **3.00**
Bateau ivre (Le), M. Metthé, **2.50**
Cent Positions de l'amour (Les), H. Benson, **4.00**
Comment devenir vedette, J. Beaulne, **3.00**
Couple sensuel (Le), Dr L. Gendron, **2.00**
Des Zéroquois aux Québécois, C. Falardeau, **2.00**
Emmanuelle à Rome, 5.00
Femme au Québec (La), M. Barthe et M. Dolment, **3.00**
Franco-Fun Kébecwa, F. Letendre, **2.50**
Guide des caresses, P, Valinieff, **3.00**
Incommunicants (Les), L. Leblanc, **3.00**
Initiation à Menke Katz, A. Amprimoz, **1.50**
Joyeux Troubadours (Les), A. Rufiange, **2.00**
Ma cage de verre, M. Metthé, **2.50**
Maria de l'hospice, M. Grandbois, **2.00**
Menues, dodues, Gilan, **3.00**
Mes expériences autour du monde, R. Boisclair, **3.00**
Mine de rien, G. Lefebvre, **2.00**
Monde agricole (Le), J.C. Magnan, **3.50**
Négresse blonde aux yeux bridés, C. Falardeau, **2.00**
Paradis sexuel des aphrodisiaques (Le), M. Rouet, **4.00**
Plaidoyer pour la grève et la contestation, A. Beaudet, **2.00**
Positions +, J. Ray, **3.00**
Pour une éducation de qualité au Québec, C.H. Rondeau, **2.00**
Québec français ou Québec québécois, L. Landry, **3.00**
Rêve séparatiste, L. Rochette, **2.00**
Salariés au pouvoir (Les), Frap, **1.00**
Séparatiste, non, 100 fois non! Comité Canada, **2.00**
Teach-in sur l'avortement, Cegep de Sherbrooke, **3.00**
Terre a une taille de guêpe (La), P. Dudan, **3.00**
Tocap, P. de Chevigny, **2.00**
Virilité et puissance sexuelle, M. Rouet, **3.00**
Voix de mes pensées (La), E. Limet, **2.50**

Diffusion Europe

Vander, Muntstraat 10, 3000 Louvain, Belgique

CANADA	BELGIQUE	FRANCE
$2.00	100 FB	12 F
$2.50	125 FB	15 F
$3.00	150 FB	18 F
$3.50	175 FB	21 F
$4.00	200 FB	24 F
$5.00	250 FB	30 F
$6.00	300 FB	36 F